Agressão

Ana Paula Araújo

AGRESSÃO

A escalada da violência contra a mulher no Brasil

GLOBOLIVROS

Copyright © 2025 by Editora Globo S.A. para a presente edição
Copyright © 2025 by Ana Paula Araújo

Todos os direitos reservados. Nenhuma parte desta edição pode ser utilizada ou reproduzida — em qualquer meio ou forma, seja mecânico ou eletrônico, fotocópia, gravação etc. — nem apropriada ou estocada em sistema de banco de dados, sem a expressa autorização da editora.

Texto fixado conforme as regras do Novo Acordo Ortográfico da Língua Portuguesa
(Decreto Legislativo nº 54, de 1995)

Editora responsável: Amanda Orlando
Editor-assistente: Rodrigo Ramos
Pesquisa: Priscilla Monteiro e Rafael de Pino
Revisão: Aline Canejo e Isis Batista
Diagramação: Abreu's System
Capa: Douglas Watanabe

1ª edição, 2025

CIP-BRASIL. CATALOGAÇÃO NA PUBLICAÇÃO
SINDICATO NACIONAL DOS EDITORES DE LIVROS, RJ

A687a

    Araújo, Ana Paula
        Agressão : a escalada da violência contra a mulher no Brasil / Ana Paula Araújo. - 1. ed. - Rio de Janeiro : Globo Alt, 2025.
        208 p. ; 23 cm.

    ISBN 978-65-5987-279-4

        1. Direitos das mulheres - Brasil. 2. Violência contra a mulher - Brasil. 3. Mulheres - Crimes contra. I. Título.

25-97563.0
    CDD: 362.8292
    CDU: 316.346.2-055.2

Gabriela Faray Ferreira Lopes - Bibliotecária - CRB-7/6643

Direitos de edição em língua portuguesa para o Brasil
adquiridos por Editora Globo S.A.
Rua Marquês de Pombal, 25 – 20230-240 – Rio de Janeiro / RJ
www.globolivros.com.br

Para minha mãe, Vanda, e minha avó, Maria.

"Mulheres e homens devem se opor ao uso de violência como meio de controle social em todas as suas manifestações: guerra, violência de homens contra mulheres, violência de adultos contra crianças, violência de adolescentes, violência racial etc. Os esforços feministas pelo fim da violência de homens contra mulheres devem ser estendidos a um movimento pelo fim de todas as formas de violência."

BELL HOOKS, *O feminismo é para todo mundo*

Sumário

Introdução 11

1. Por que meu pai baleou minha mãe? 17
2. Acreditei que ele fosse mudar 29
3. Eu preciso sair daqui com vida 47
4. E se fosse eu? 59
5. Conseguirei proteger meus filhos? 71
6. Criminoso, eu? 85
7. Por que eu sou mais julgada que meu assassino? 97
8. Era ele ou eu 109
9. Mas é isso que acontece em família? 123
10. Ele expôs minha intimidade 135
11. Ele nunca me bateu 147
12. Ele levou o que eu conquistei 161
13. Ele era o máximo que eu achava que merecia 171
14. Quero sumir 181
15. Eu não sou o que fizeram comigo 193

Onde encontrar ajuda 199
Agradecimentos 203

Introdução

Nenhuma mulher quer ter o rosto deformado. Nenhuma mulher gosta de sentir medo. Nenhuma mulher acha bom ser ameaçada e agredida dentro de casa. Nenhuma mulher é feliz quando é humilhada, perseguida, exposta, submetida. Nenhuma mulher quer ser assassinada. Para quem cresceu ouvindo o contrário, vamos deixar claro: mulher não gosta nem nunca gostou de apanhar.

No entanto, é revoltante pensar que essas frases ainda precisam ser ditas e repetidas, pois as mulheres agredidas, roubadas, manipuladas e diminuídas de todas as formas precisam, ainda por cima, se explicar. É sobre elas que recai o questionamento. Por que permitiram? Por que não denunciaram? Por que não se afastaram? Por que não reagiram? Sempre vai ter alguém para acreditar que há alguma concordância quando uma mulher não sai ou demora para sair de um relacionamento violento, como se a culpa fosse dela, e não de quem agride. Isso é uma violência a mais contra quem já está tão vulnerável.

Muitas mulheres toleram e relativizam agressões porque costumam ser educadas para considerar o abuso como algo cotidiano. São ensinadas a aceitar, apoiar, perdoar, depender — como se a submissão fosse a parte que cabe à mulher dentro de uma relação amorosa. É por conta de uma noção distorcida do que é o amor que grande parte das mulheres permanece em relações violentas. Se o marido grita, xinga, ameaça, proíbe de sair de casa, a esposa acha que precisa ser compreensiva. Se o namorado empurra, dá soco na parede, fiscaliza o celular, a namorada pensa que ele é apenas temperamental ou ciumento, mas é uma boa pessoa. Se o companheiro dá um tapa, chuta, enforca, a parceira diz para si mesma que foi um momento de descontrole que não vai se repetir. Há um ciclo que aprisiona as vítimas porque alterna momentos de violência com pedidos de desculpas, promessas e declarações de amor. As mulheres ficam porque acreditam. Acreditam que tudo vai melhorar e acreditam, inclusive, que são elas as culpadas pela violência que sofreram e que têm algum poder de mudar os agressores.

Os homens que cometem esse crime pensam o mesmo. Ou dizem que pensam. As tentativas de explicar violências absurdas, invariavelmente, passam por jogar a responsabilidade sobre a vítima. "Olha o que você me fez fazer" é uma frase frequentemente repetida por agressores.

E, assim, de acordo com a pesquisa mais recente divulgada até a publicação deste livro pelo Fórum Brasileiro de Segurança Pública (FBSP), que reúne dados das Secretarias Estaduais de Segurança, tivemos 1.238.208 mulheres vítimas de violência de gênero em 2023. E esse número já alarmante é bastante incompleto, porque reúne apenas os casos que chegaram a ser registrados em delegacias de polícia pelo Brasil. Há ainda os que não entram nas estatísticas porque as vítimas não prestam queixa.

Na data do fechamento deste livro, os números de 2024 ainda estavam sendo totalizados, mas já foi possível obter o total de feminicídios no país. Tivemos, em 2024, 1.490 assassinatos de mulheres por questões de gênero, um crescimento na comparação com o ano anterior. Em 2023, foram 1.463 feminicídios e, em 84% dos casos, os assassinos eram companheiros ou ex-companheiros das vítimas. Esse é um roteiro que se repete: a maioria dos crimes contra mulheres é cometida por homens com os quais as vítimas têm ou já tiveram um relacionamento amoroso.

Além dos números oficiais, o FBSP também realiza uma pesquisa chamada *Visível e invisível*, que ouve mulheres a partir dos 16 anos em todas as regiões do Brasil. No levantamento de 2025, 37,5% das entrevistadas disseram ter sofrido algum tipo de violência no último ano, o que traz uma projeção de cerca de 21,4 milhões de vítimas. E, em quase 70% dos casos, o autor da violência foi parceiro ou ex-parceiro íntimo. Isso talvez seja o mais cruel.

Os maus-tratos ou até a morte vêm de um homem por quem essa mulher já se apaixonou, com quem, muitas vezes, teve filhos, alguém que é a família dela, uma pessoa que deveria ter por ela cuidado e respeito.

Ao longo de quatro anos, entrevistei mulheres agredidas não só fisicamente. São muitos os tipos de violência, e alguns tão comuns que muitas vezes nem são entendidos como tal. Há mulheres que sofrem ameaças constantes, as que são impedidas de gastar o próprio dinheiro como querem ou usar as roupas que desejam, mulheres que são isoladas da família e dos amigos ou são ofendidas e diminuídas pelo parceiro. A crueldade não precisa de contato físico. Nem mesmo da presença física. Pela internet, especialmente meninas e adolescentes são assediadas, violentadas, chantageadas e torturadas.

Foram relatos difíceis. Passei o período de escrita do livro me equilibrando para evitar a exposição de detalhes chocantes, mas ao mesmo tempo conseguir expressar a gravidade dos casos.

Encontrei essas mulheres nas mais variadas realidades. Em grandes e pequenas cidades, em favelas e em condomínios de luxo, vindas de famílias estruturadas ou não, com pouco ou muito estudo. Aliás, ouvi muitas histórias terríveis que se passaram na vida de mulheres bem-sucedidas, independentes, que tinham uma vasta gama de informações sobre violência de gênero. Várias delas, inclusive, aconselhavam e ajudavam outras mulheres que sofriam agressões, mas nem assim elas próprias escaparam de ser vítimas.

Em comum entre elas havia a necessidade de serem ouvidas. Em meu primeiro livro, *Abuso: a cultura do estupro no Brasil*, entrevistei vítimas que tinham muita dificuldade em contar o que haviam sofrido. No caso da violência doméstica, me surpreendi com a franqueza dos relatos. Foram conversas longas, duras, verdadeiros desabafos, no que me pareceu um reflexo da mudança que vimos na sociedade nos últimos anos a partir da Lei Maria da Penha, que escancarou o debate sobre violência doméstica e desafiou a noção de que não se interfere em briga de marido e mulher. As vítimas parecem ter uma compreensão maior de que não são culpadas, embora doses de culpa e vergonha indevidas ainda estejam ali. Por vergonha, medo de represálias ou receio da exposição, algumas vítimas preferiram não ter as identidades divulgadas e utilizaram pseudônimos ao longo destas páginas. Ainda assim, fizeram questão de contar suas histórias.

Em contraste, tive uma dificuldade enorme em conseguir ouvir os verdadeiros culpados. Inclusive porque mesmo homens condenados, ou até flagrados em imagens batendo em mulheres, não se enxergam como agressores. Os poucos que aceitaram conversar comigo até admitiram o que fizeram, mas sempre alegando que só agiram daquela forma porque foram provocados. Pelo país, funcionam iniciativas isoladas de grupos reflexivos para homens condenados por agressão, nos quais eles aprendem sobre violência de gênero. Estive em um deles e, apesar dos avanços na conscientização desses homens, nem lá encontrei algum agressor que assumisse inteiramente a responsabilidade por seus atos.

Também conversei com psicólogos, policiais, peritos, médicos, advogados, juízes e promotores que lidam diretamente com a violência doméstica. Essa é uma rede que deveria ser de apoio às vítimas, mas é repleta de falhas. Ainda há policiais que dizem a uma mulher agredida que ela deve voltar para casa e se entender com o marido. Há médicos que receitam antidepressivos para uma paciente sem desconfiar de que ela apresenta sintomas provocados pela violência doméstica. Existem agentes do Judiciário que minimizam a violência que acontece dentro de casa e obrigam crianças a conviverem com um pai agressor.

Os filhos são talvez a maior fragilidade de uma mulher vítima de violência doméstica. Muitas não se afastam de seus agressores porque não têm condições financeiras de sustentar as crianças. E, mesmo quando podem, têm medo de afastar os filhos do pai e se sentem culpadas por separar a família. O pior é que, se e quando finalmente conseguem sair do relacionamento, enfrentam um calvário sem fim, com homens que usam as crianças para atingi-las. Não são raros os casos em que os pais agridem os próprios filhos física ou verbalmente, manipulam as crianças, se negam a cumprir com suas obrigações financeiras, infringem regras de visitação e se transformam num pesadelo permanente para punir a ex-companheira por ela ter conseguido se afastar. E, em tragédias que se repetem pelo país, também deixam esses filhos sem a mãe. Crianças e adolescentes vivem o trauma e o conflito de perderem a mãe assassinada pelo pai, muitas vezes diante deles. Ouvi avós que lutam por justiça e assumem a criação de netos em meio ao próprio luto.

O retrato da violência contra a mulher tem vários ângulos, e há diversas ações que podem ajudar a mudar essa realidade cruel. Conversei com pesquisadores que buscam entender as origens e as possíveis soluções para a violência contra a mulher, e todas elas passam pela educação. Uma sociedade mais segura para as mulheres requer necessariamente um entendimento de que homens não são dominantes, que meninos não têm mais direitos que meninas, que maior força física não significa superioridade. E essa é uma noção que perpassa o cotidiano. É difícil falar de igualdade quando, por exemplo, famílias criam meninos folgados em lares onde só meninas precisam ajudar nas tarefas domésticas. Não à toa, relato aqui casos em que meninos chegam a surpreender os pais com declarações machistas e misóginas. E muitos menores de idade, infelizmente, já praticam crimes contra mulheres e meninas.

A violência de gênero está em casa, nas escolas e nos ambientes de trabalho, bem do lado da gente. Convivemos com vítimas e agressores e, muitas vezes, nem sabemos. Às vezes, a violência está em nossas próprias vidas e não a identificamos ou não sabemos como agir. Mudar a mentalidade que permite agressões de tantos tipos contra mulheres é um trabalho longo que começa pela informação e pela conscientização — e que precisa ser feito por todos nós.

I

Por que meu pai baleou minha mãe?

Eu não entendo o perdão. Entendo seguir em frente, sem alimentar rancores, sem perder tempo com histórias dolorosas do passado, acredito em aprender a lidar com traumas, mas não entendo como algumas mágoas possam ser completamente curadas. Mas essa sou eu. Para outras pessoas, parece que o perdão se impõe. É o caso de Cláudia. Aos 40 anos, depois de 35 de afastamento, ela decidiu reencontrar o pai, o homem que deu um tiro na mãe dela. Não entendo o que leva alguém a querer ver novamente um homem capaz de tamanha atrocidade, ainda mais depois de tanto tempo, e tentar se reconciliar com o homem que causou um desvio doloroso que a acompanhou durante a maior parte de sua vida. Não condeno quem toma essa decisão. Só não entendo mesmo.

Para Cláudia, foi uma escolha pensada e, ao mesmo tempo, intempestiva. Já fazia seis meses que ela havia tido uma espécie de iluminação quando participava de um retiro religioso. Foi até lá acompanhar uma amiga recém-divorciada. Em certo momento, ao escutar o testemunho de outra participante, que falava sobre a difícil relação com o próprio pai, a ficha caiu. Cláudia tinha seguido em frente, estava casada, com duas filhas. Mal sentia raiva do pai, nem pensava nele, não remoía o passado. Nunca foi visitá-lo enquanto ele esteve na cadeia. Mas, ali, naquele momento, sem que ela esperasse, percebeu que não tinha exatamente perdoado. E pensou que só conseguiria se libertar se encontrasse o agressor pessoalmente e lhe desse seu perdão.

Essa foi a parte pensada. O improviso veio em um dia de julho de 2018 quando Cláudia despertou no meio da madrugada e resolveu que tinha chegado a hora. Acordou o marido para acompanhá-la. Os dois pegaram o carro às quatro da manhã para uma viagem de doze horas, de Fortaleza a Natal, sem intervalo para descanso. Cláudia não quis parar nem uma vez, nem para ir ao banheiro, porque sentia que, se fizesse alguma pausa, haveria uma chance enorme de desistir.

Ao longo da viagem, vieram à memória as lembranças que ela ainda tinha de 35 anos antes. Flashes do pai ensanguentado na cozinha, gritando para que a empregada da casa levasse Cláudia e a irmã mais velha de volta para o quarto. As duas e uma irmã mais nova, ainda bebê, estavam dormindo quando o crime aconteceu. A mãe dela também dormia quando foi baleada nas costas. Cláudia e a irmã, assustadas e sem entender o que acontecia, seguiram a funcionária. No quarto, entraram no berço da bebê e, depois de muito choro, dormiram as três juntas, espremidas e abraçadas. Foram acordadas pela manhã por um tio que as levou para a casa da avó materna.

Enquanto as meninas dormiam, o pai se ocupava em montar uma farsa. Disse aos vizinhos e parentes e à polícia que quatro ladrões haviam invadido a residência da família. O tiro partiu da arma que ele mantinha escondida em casa. Explicou-se dizendo que tentou reagir e entrou em luta corporal com os bandidos, que então conseguiram pegar a pistola e fizeram o disparo. O sangue em suas roupas servia à simulação de que correu para amparar a esposa.

Os policiais ouviram os moradores das casas ao redor e o vigia de uma construção no terreno em frente. Ninguém havia visto nem ouvido nenhum sinal de bandido. Nem mesmo o cachorro latiu. O pai de Cláudia passou oficialmente a investigado pelo crime. E depois réu. Nada disso foi dito na época para Cláudia e suas irmãs. Para elas, permaneceu por muitos anos a versão do assalto, sustentada pela família. Mas as meninas sentiam que havia algo no ar, alguma informação velada. Essa sensação pairava no cotidiano delas mesmo antes do crime.

Cláudia tem lembranças do começo da infância de um pai que lhe dava medo. Era uma atmosfera de tensão, algo que as crianças percebem. Ela se recorda nitidamente de uma situação específica, de quando, bem pequena, com menos de cinco anos, tinha o vício comum a tantas crianças de chupar dedo, especialmente na hora de dormir. O pai se irritava com isso e decidiu resolver na base da truculência. Colocava a mão de Cláudia dentro de uma meia e a prendia com um elástico apertado no pulso. Ela se lembra da aflição que sentia toda noite, na hora de dormir, já esperando pela agressividade daquele momento. Um dia, o que já era violento ficou pior. Cláudia venceu o medo e conseguiu se desvencilhar da meia. O pai entrou de manhã cedo no quarto e encontrou a filha com o dedo na boca. A menina acordou sendo arrastada pelo pai, que a enfiou, de camisola e tudo, debaixo do chuveiro frio e ainda lhe deu uma surra. A sensação assustadora de ser arremessada da cama direto para o chuveiro é algo que Cláudia nunca esqueceu.

Depois do tiro, as irmãs foram morar definitivamente na casa da avó materna. O pai, respondendo ao processo em liberdade, tinha direito à visita em horários estipulados pela Justiça, mas logo a família criou estratégias para evitar os encontros. Diziam que uma das meninas estava doente — e, às vezes, elas até adoeciam de fato, talvez por sugestão. Não é incomum crianças somatizarem as tensões e terem sintomas físicos quando são obrigadas a visitar um parente abusivo. Febre, dor de cabeça, dor abdominal e outros sintomas já catalogados pela pediatria como dores inespecíficas são relacionados ao estresse, à ansiedade ou à depressão infantil.

Tios e tias organizavam passeios, levavam-nas a festas... Depois de um tempo, as visitas do pai começaram a minguar e se transformaram em telegramas que chegavam no Natal e nos aniversários. No começo, Cláudia ainda lia. Depois, perdeu a vontade de abrir os envelopes. Até que o contato cessou de vez. O mais contraditório em tudo isso é que o momento trágico em que a mãe foi baleada trouxe uma infância mais leve para as meninas. Com o afastamento do pai, foi-se também a nuvem de ameaças e insegurança que permeava a casa da família. Cláudia se lembra do carinho dos tios, das férias na casa de primos, de ser mais feliz.

Enquanto a polícia trabalhava na investigação do crime, a mãe de Cláudia enfrentava uma longa e dolorosa batalha pela vida. Foram quatro meses internada. E ela sobreviveu. Chegou a ficar tetraplégica, mas, com muita fisioterapia, recuperou o movimento do tronco, dos braços e das mãos. Saiu do hospital em uma cadeira de rodas, que usa até hoje.

A mãe de Cláudia é Maria da Penha Maia Fernandes, a mulher que virou símbolo da luta contra a violência, inspiração para todas nós, nome da lei que é reconhecida pela Organização das Nações Unidas como uma das melhores legislações de proteção às mulheres do mundo e que causou uma mudança de mentalidade sobre a violência doméstica no Brasil. Mais que isso, transformou e salvou muitas vidas.

Meu encontro com Maria da Penha foi virtual, em meio à pandemia, em 2021. Imaginando que ela já deveria estar cansada de contar e recontar a própria história, resolvi começar perguntando sobre um fato novo. Na semana anterior, o então deputado federal Jessé Lopes, do PSL de Santa Catarina, havia postado nas redes sociais uma foto ao lado do economista Marco Antonio Heredia Viveiros, o homem que atirou em Maria da Penha. Na postagem no Instagram, o deputado escreveu: "Conhecem este senhor? Seu nome é Marco Antonio, o marido da Maria da Penha. Visitou o meu gabinete e contou sua versão sobre o caso que virou lei no Brasil. Sua história é, no mínimo, intrigante".* O deputado não teve nem mesmo a consideração de escrever "ex-marido".

O encontro gerou reações. O ex-marido de Maria da Penha foi visitar o deputado numa campanha para divulgar o próprio livro, *A verdade não contada no caso Maria da Penha*. Em 480 páginas, Marco Antonio basicamente defende ter sido condenado por uma encenação dissimulada do Ministério Publico em conluio com os meios sensacionalistas de comunicação. Perguntei a Maria da Penha o que ela sentiu ao ver esse encontro. Ela desconversou. Disse que não ficou com raiva, apenas decepcionada. Além de não entender o perdão, confesso que também não entendo a falta de revolta em algumas situações. Eu estava revoltada.

A história de Maria da Penha e Marco Antonio começou na Universidade de São Paulo. Ela, formada em farmácia e bioquímica, fazia mestrado em parasitologia em análises clínicas. Ele, imigrante da Colômbia, fazia pós-graduação em economia. Apesar de muito jovem, naquela época ela estava

---

* Disponível em: https://www.uol.com.br/universa/noticias/redacao/2021/09/01/sabia-que-seria-polemico-diz-deputado-que-recebeu-ex-de-maria-da-penha.htm. Acesso em: 13 mar. 2025.

recém-desquitada. Tinha se casado aos 19 anos, quando ainda cursava a faculdade na Universidade Federal do Ceará, em Fortaleza. A única exigência da mãe de Maria da Penha era que a filha terminasse o curso e pegasse o diploma. Esse pedido foi feito ao então noivo — parece que a mãe já sabia que ele poderia ser um empecilho para a formação da jovem. Ele cumpriu a promessa: "deixava" Maria da Penha estudar, mas não necessariamente em paz. A toda hora, tinha ataques de ciúme, desconfiava de quando ela chegava um pouco mais tarde ou precisava se reunir para trabalhos com colegas de turma. Desconfortável com o ciúme doentio, ela pediu o desquite.

Mais tarde, na pós-graduação em São Paulo, Maria da Penha achou que tinha conhecido um príncipe. Marco era educado, solícito, ajudava em consertos nos alojamentos onde viviam suas colegas, era amigo de todos, o clássico universitário gente boa. Todos gostavam dele. Maria da Penha e Marco começaram a namorar e, depois, se casaram. A primeira filha do casal nasceu ainda em São Paulo. Foi o momento em que Marco deu entrada no pedido de naturalização para ficar no Brasil. Com o casamento e uma filha nascida aqui, a exigência para iniciar o processo caiu para um ano de residência no Brasil — ao contrário dos quatro anos exigidos para quem não tinha nenhum desses vínculos. Quando saiu a naturalização, Maria da Penha já estava de volta a Fortaleza, dessa vez com o marido e grávida da segunda filha. Ela conta que foi aí que os problemas começaram.

O momento do dia em que o marido chegava em casa já não era mais motivo de alegria. Pelo contrário. Parecia que uma nuvem carregada entrava no ambiente. Marco ia sempre almoçar em casa e, não raro, reclamava da comida. Vivia aborrecido, gritava com as crianças, achava tudo ruim. Quando faltava pouco para a hora do almoço, Maria da Penha já começava a sentir angústia. Adotou a estratégia de alimentar e arrumar as filhas mais cedo para evitar estresse. Quando uma mulher se abala emocionalmente só porque vai encontrar o marido, é porque ele já virou um algoz. A própria Maria da Penha custou a entender que aquilo já era uma violência — como, aliás, acontece com a maioria das vítimas de violência doméstica. Achava apenas que o marido era agressivo e grosseiro, sem ter a menor ideia de que era violência psicológica. E, mesmo depois da violência física, depois do tiro, ao sair do hospital na cadeira de rodas, foi para casa ainda acreditando na versão do assalto. Só seis meses depois do atentado soube das descobertas da investigação.

Cláudia lembra-se bem da imagem da mãe chegando em casa na cadeira de rodas. Como não lembrar? As muitas dificuldades de adaptação também ficaram na memória. Maria da Penha passou a depender muito da ajuda das filhas. Com dez anos, Cláudia já ia com a irmã e um mapinha até o centro da cidade para fazer pagamentos. Na adolescência, passou a sentir certa vergonha da mãe. Preferia que ela não fosse às festas da escola para não chamar atenção. Foi um período de iniciação precoce no álcool, no sexo e na raiva. Cláudia era impiedosa com a mãe. E, por mais injusto que seja, entendo perfeitamente. Também fui criada com pai ausente e sei que é muito comum agredir quem ficou por perto. Tanto para mim quanto para Cláudia, o pai virou uma lembrança distante, alguém de quem não se espera nem se cobra nada, alguém que simplesmente não existe mais. E, para piorar a fase já difícil para todos, foi na adolescência que Cláudia e as irmãs descobriram toda a verdade sobre o crime cometido contra a mãe.

Em 1991, quando Cláudia tinha 13 anos, Marco foi a julgamento. Até foi condenado — a quinze anos de prisão — mas, graças a recursos da defesa, saiu do fórum em liberdade. Foi aí que Maria da Penha decidiu contar para as filhas: "Olha, não foi um assalto. Quem me deu o tiro foi o seu pai". Apesar do choque e do choro, isso não foi exatamente uma surpresa para as irmãs. Enfim, parecia que as peças se encaixavam: o comportamento agressivo do pai que elas presenciaram na infância, o afastamento dele, os esforços da família para esconder algo que elas não sabiam o que era.

Após o primeiro julgamento, começou a luta de Maria da Penha. Ela decidiu escrever um livro contando sua história. As filhas foram as primeiras leitoras, e a publicação só foi feita porque as três concordaram. Com o lançamento em 1994, movimentos feministas se aproximaram de Maria da Penha. Após recurso da acusação, o segundo julgamento do caso veio dois anos depois, em 1996. Mais uma vez, Marco foi condenado, dessa vez a dez anos e meio de prisão, mas a defesa alegou irregularidades processuais e ele continuou solto. Em 1998, o caso chegou à Organização dos Estados Americanos (OEA), depois de uma denúncia feita pelo Centro para Justiça e Direito Internacional (Cejil) e pelo Comitê Latino-Americano e do Caribe para a Defesa dos Direitos da Mulher (Cladem). Em 2001, após receber quatro ofícios da OEA e não responder a nenhum deles, o Estado brasileiro foi responsabilizado por negligência, omissão e tolerância em relação à violência doméstica praticada contra mulheres. A condenação pela OEA tem um caráter principalmente moral, mas trouxe consequências práticas para o caso. A pressão internacional fez com que Marco fosse finalmente preso quando faltavam poucos meses para o crime prescrever. Ele conseguiu redução da pena e foi solto apenas dois anos depois, mas os efeitos de toda a história foram muito além. ONGs feministas se uniram para a elaboração de uma lei de combate à violência doméstica e familiar contra as mulheres brasileiras. O projeto começou a tramitar em 2004 e, em 2006, virou a Lei nº 11.340, batizada de Maria da Penha em homenagem à luta emblemática que ela travou para denunciar a violência que sofreu.

Essa lei trouxe muitas inovações. Para começar, definiu o que é violência doméstica. Os casos do gênero até então eram enquadrados como lesão corporal e, por isso, iam parar nos Juizados Especiais Criminais, que tratam de crimes de menor potencial ofensivo. Assim, não raro os agressores eram condenados apenas ao pagamento de multa ou de cestas básicas — o que passou a ser proibido pela nova legislação. A lei define como violência doméstica os casos ocorridos não só dentro de casa, mas em qualquer lugar em que o agressor seja um familiar ou tenha relação de afeto com a vítima. Ficou estabelecido também que o agressor pode ser homem ou mulher, incluindo aí casos de violência em relações homoafetivas. Nos crimes de lesão corporal, a pena máxima foi aumentada, passando inicialmente de um ano para três anos de prisão. Em nova alteração em 2024, a pena ficou ainda mais rigorosa e passou a ser de prisão de dois a cinco anos. A lei estabelece que a violência contra a mulher não é apenas física, contemplando também violência psicológica — ameaças, chantagem, perseguição, limitação no direito de ir e vir —; violência sexual — um conceito que vai além do estupro e inclui, por exemplo, impedir a mulher de usar métodos anticoncepcionais —; violência patrimonial, que consiste em se apropriar do dinheiro da mulher, reter ou destruir documentos, objetos pessoais e instrumentos de trabalho; e violência moral, como calúnia, injúria ou difamação.

Um dos maiores avanços da lei foi prever medidas para resguardar as vítimas de futuras agressões. Foram criadas as medidas protetivas de urgência, que incluem, para o agressor, afastamento imediato do lar ou do local de convivência com a mulher agredida, proibição de aproximação ou contato com a vítima, familiares dela ou testemunhas, por qualquer meio, e suspensão ou restrição de visitas aos filhos menores de idade. Para a vítima, as medidas protetivas vão de encaminhamento a serviço de proteção até suspensão de procurações dadas ao agressor. Pela lei, a polícia precisa encaminhar o caso para a Justiça em, no máximo, 48 horas para que as medidas protetivas sejam concedidas. Na ausência do juiz, como acontece em cidades menores, o delegado também pode determinar as medidas. E mesmo o policial pode assumir essa decisão, na ausência do delegado. O descumprimento das medidas protetivas é um crime em si, com pena reajustada em 2024 para dois a cinco anos de prisão e multa. A lei também prevê que, a qualquer momento da investigação ou do processo, pode ser decretada a prisão preventiva do acusado a pedido do Ministério Público ou da polícia. O juiz ainda pode decretar a prisão de ofício, ou seja, sem nenhum pedido, bastando que ele considere que essa é uma medida necessária. A prisão preventiva não tem uma duração predeterminada.

No que diz respeito ao atendimento às vítimas, a lei prevê a manutenção do emprego por até seis meses quando for necessário o afastamento do trabalho; a prioridade na matrícula escolar dos filhos onde for mais conveniente; a prioridade de transferência no caso de servidoras públicas; a inclusão em programas de assistência do governo federal, como o Bolsa Família; e o direito de ser avisada sempre que o agressor for preso ou solto. Também foi graças à Lei Maria da Penha que foram criados os juizados especializados que englobam todas as questões decorrentes da agressão, como separação, pensão e guarda de filhos. Antes, a única opção era entrar com um processo em separado na Vara de Família, um procedimento muito mais lento e burocrático. A lei também estabelece que o atendimento policial à vítima deve ser especializado e feito, preferencialmente, na Delegacia da Mulher (DEAM) e que a vítima deve ter respeitada sua integridade física e psicológica e, em nenhuma hipótese, ser exposta a contato com o agressor ou pessoas a ele ligadas.

Outra mudança que a nova lei trouxe foi o rompimento do vaivém muito comum de mulheres que prestavam queixa e, depois, arrependidas ou ameaçadas, retiravam a denúncia. Agora, as queixas de crimes mais graves de lesão corporal e tentativa de homicídio não podem ser retiradas. E, nos casos menos graves, como ameaça ou perseguição, a mulher só pode desistir diante do juiz, e isso só se a denúncia ainda não tiver sido apresentada pelo Ministério Público. A audiência presencial é exigida para que o juiz e o MP avaliem se a vítima está sendo coagida e se podem oferecer mais garantias para que ela mantenha o processo. Tudo isso é muito inovador.

A Lei Maria da Penha chegou a ser questionada judicialmente pela Associação dos Magistrados do Brasil por dar à polícia o poder de afastar imediatamente o agressor, seja de casa ou de qualquer outro local de convivência, mesmo sem autorização judicial — o que, de acordo com a instituição, seria inconstitucional. Entretanto, o Supremo Tribunal Federal decidiu pela legalidade da medida, dada a situação de urgência em que ela é aplicada.

Em geral, a principal crítica à Lei Maria da Penha é que ela tem um caráter basicamente punitivo, centrado nas ações do Judiciário e da polícia. No entanto, o texto fala da necessidade de integração da Segurança Pública e do Poder Judiciário com as áreas de saúde, assistência social, trabalho e educação. Prevê a capacitação de profissionais que lidam com questões de gênero, campanhas educativas para prevenir a violência doméstica, inclusão do assunto no currículo escolar e adoção de linguagem, pelos meios de comunicação, sem estereótipos que legitimem ou aumentem os casos de violência doméstica. Implantar esses outros pontos é hoje o maior desafio na aplicação da lei. Em 2009, um relatório do Fundo de Desenvolvimento das Nações Unidas para a Mulher (Unifem), considerou a Maria da Penha uma das mais avançadas leis de combate à violência contra a mulher entre os países que têm algum tipo de legislação sobre o tema.

Infelizmente, mesmo nas áreas de Justiça e Segurança Pública, em que ocorreram as maiores mudanças, nem tudo funciona como deveria. Um levantamento do Conselho Nacional de Justiça (CNJ) mostrou que foram concedidas 572.159 medidas protetivas de urgência no Brasil entre janeiro de 2020 e maio de 2022. Dessas, 30% vieram após o prazo de 48 horas definido pela lei. Pior que isso: há muitos casos de mulheres que foram assassinadas mesmo com a medida protetiva em vigor. As delegacias da mulher ainda são um privilégio encontrado em apenas 7% das cidades brasileiras, segundo dados do IBGE, e a maioria delas está concentrada no Sudeste. Ainda assim, é inegável o avanço enorme que a Lei Maria da Penha trouxe, e não só por meio das medidas práticas que salvaram vidas e tiraram mulheres do ciclo da violência doméstica. A lei tem o grande mérito de ter rompido o silêncio que até então pairava sobre esses casos. As agressões contra a mulher deixaram de ser um assunto particular para ser um assunto de Estado. Apesar de óbvio, só depois da aprovação da lei ficou estabelecido que a violência contra a mulher constitui uma das formas de violação dos direitos humanos.

A Maria da Penha é uma das leis mais populares do Brasil. Caiu na boca do povo. "Olha a Maria da Penha" virou um alerta disfarçado de brincadeira repetido pelo Brasil afora. Cinco anos depois de sua implantação, a Câmara fez uma pesquisa por telefone com 1.295 pessoas em todas as regiões do Brasil. Delas, 77,5% declararam conhecer o conteúdo da lei, mesmo que apenas parcialmente. Só por existir, a Maria da Penha já transformou a noção de que a violência entre casais é aceitável. Cada vez mais gente passou a meter a colher — e a polícia — em briga de marido e mulher.

Cláudia cresceu em meio a essa luta feminista. Viu a mãe virar um símbolo das mulheres vítimas de violência. Sempre foi a filha da Maria da Penha. Nesse contexto, a decisão de reencontrar o pai foi ainda mais difícil.

Quando chegou ao condomínio onde ele morava, depois de tantas horas na estrada, quase desistiu. Ninguém, além do marido, sabia que ela estava ali. Não contou para a mãe, para as irmãs, nem mesmo para o pai, com medo de que ele desse publicidade à visita.

O interfone estava quebrado. Ela, então, respirou fundo e subiu as escadas com o marido sem ser anunciada. Tocou a campainha, e o pai abriu a porta. Cláudia observou que ele direcionou o olhar e as primeiras palavras somente ao marido dela. O machismo se apresenta nas grandes tragédias e em pequenos detalhes. Marco disse apenas que não estava esperando visitas. Foi só quando ela falou "Pai, sou eu, a Cláudia" que ele olhou para a filha. Os dois se abraçaram e entraram no apartamento.

Desde que soube do crime, Cláudia passou anos se perguntando o motivo, o que levou o pai a uma agressão tão extrema contra a mãe. Mas, quando se viu ali, frente a frente com o agressor, não quis mais perguntar. Disse que só tinha viajado até lá para dizer que o perdoava e que ela estava bem. Marco ainda tentou por várias vezes levar a conversa para outro lado, dizendo que era injustiçado, que Maria da Penha tinha tirado as filhas dele, mas Cláudia cortou o assunto todas as vezes. Ela estava ali só para se entender com seu passado, para que o pai deixasse de ser a assombração que lhe trouxe tanto sofrimento e dificuldades de relacionamento. Foi um encontro rápido, que tirou um peso do coração dela.

Na volta da viagem, quando contou para Maria da Penha sobre o encontro, ouviu da mãe apenas que ela e o marido foram loucos por terem coragem de ir até lá. A mim, Maria da Penha não demonstrou nenhuma revolta com a visita da filha a seu agressor. Disse que respeitava a decisão dela e que o bem-estar das filhas é o mais importante. Assim é hoje, assim foi quando estava no hospital, naquela situação de quase morte em que só pedia para viver, da maneira que fosse, para cuidar de suas meninas. "Como mãe, pensei no pesadelo de partir e deixar um filho, como acontece com tantas mulheres vítimas de violência."

Maria da Penha não teve outros relacionamentos amorosos depois do tiro. Contou que alguns homens até se aproximaram, mas ela não se interessou. Disse que não se sentia em condições de escolher, porque escolheu mal por duas vezes — foi o momento da entrevista em que rimos.

Hoje, ela se dedica ao Instituto Maria da Penha, criado em 2009 para levar a cada vez mais pessoas a conscientização sobre a violência de gênero. A organização oferece cursos de capacitação e palestras em escolas, além de fazer pesquisas. Em seu papel de ativista, Maria da Penha sente o quanto esse trabalho é necessário. Certa vez, depois da repercussão internacional do caso, da condenação do culpado, da criação da lei, depois de tudo isso, ela foi dar uma entrevista para uma rádio e ouviu a seguinte pergunta: "O que a senhora fez para merecer esse tiro?". Com toda a paciência, ensinou que aquela era uma pergunta machista, que, mesmo que ela tivesse traído o marido, por exemplo, não merecia morrer. E ainda acrescentou: "Já pensou se as mulheres fossem matar os homens que as traíssem?".

A luta não se encerrou na lei. Nem para Maria da Penha, nem para nenhuma de nós.

2

Acreditei que ele fosse mudar

As REDES SOCIAIS DE Rosana eram apenas para os mais próximos. Em sua página no Facebook, parentes, amigos e conhecidos testemunharam muitas viagens românticas dela com o marido. As fotos do casal nas Cataratas do Iguaçu, em Porto de Galinhas, no Recife e em vários outros lugares turísticos eram acompanhadas de legendas com versículos da Bíblia ou declarações de amor, que ela escrevia e ele respondia com igual intensidade nos comentários. Mas, como muito do que se vê na internet, os posts não condiziam com a realidade. Entre um registro e outro, Rosana só sentia medo, angústia e dor física. Antes de algumas viagens, ela, inclusive, estava com a mão engessada ou o braço em uma tipoia, mas o marido a convencia a tirar tudo antes de embarcar no avião. Ele mesmo quebrou a mão direita de Rosana por três vezes ao longo de uma convivência de mais de quinze anos marcada por agressões. As viagens eram uma maneira de se desculpar após os episódios mais violentos, em que ela ia parar no hospital, onde dava as mais diferentes desculpas para ocultar a agressão.

O casamento começou quando Rosana tinha dezessete anos e ficou grávida do namorado, que trabalhava como office boy. Para conseguir um salário melhor, ele prestou concurso e começou a carreira na Polícia Militar do Rio de Janeiro. A primeira agressão foi um chute após uma discussão boba sobre ele ter prioridade na escolha do canal de televisão em detrimento de o filho bebê ficar chorando porque queria continuar vendo desenho animado.

Rosana foi imediatamente denunciá-lo ao batalhão da PM onde ele servia. Os policiais a aconselharam a relevar o acontecido em nome da carreira do marido, argumentaram que aquilo era uma bobagem, uma mera briga de casal. No dia seguinte, o marido chegou com flores. Era o começo do ciclo que aprisiona muitas mulheres: agressão, pedido de desculpas, promessa de mudança e, então, tudo retorna à estaca zero. A vítima acredita no agressor, resolve lhe dar uma chance, se encanta com as demonstrações de carinho e se enche de esperança. Isso dura até a próxima agressão, que sempre vem. Sempre. E costuma vir cada vez mais forte e em intervalos menores.

Além das agressões físicas, Rosana ainda era vítima de traições constantes que ela volta e meia descobria. Uma vez, foi parar na porta de uma moça que mantinha um relacionamento de dois anos com seu marido sem saber que ele era casado. Ao perceber que seria desmascarado, ele pediu aos amigos policiais que fossem até lá, mas Rosana se recusou a ir embora. O homem, então, chegou com a namorada, também enganada, e convenceu Rosana a entrar na casa para que um escândalo não fosse armado no meio da rua. Lá dentro, na garagem, abriu e fechou a porta do carro na cabeça de Rosana, a jogou no chão, lhe deu socos e chutes e arrastou o rosto dela no piso. A muito custo, a namorada interrompeu as agressões. Na mesma hora, ela terminou o relacionamento e, anos mais tarde, foi testemunha de Rosana na delegacia.

Por duas vezes, ao longo dos dezessete anos que durou o relacionamento, Rosana chegou a sair de casa e ir morar com a mãe. Na primeira vez, como vingança, o marido imprimiu fotos dela de lingerie e espalhou pela vizinhança, dizendo que a esposa tinha um amante. Mas depois, seguindo a sequência recorrente que alterna violência e lua de mel, implorou para que ela voltasse e espalhou flores pela casa inteira, pétalas de rosa na cama, cartazes onde se lia: "Eu te amo. Você é a mulher da minha vida". Parecia cena de cinema, porém o gênero do filme mudou em poucos dias. Acusando-a de traição durante o mês em que ela morou com a mãe, apesar de estarem separados, o homem voltou aos espancamentos e foi aí que quebrou a mão de Rosana pela primeira vez. No hospital, ela contou que tinha caído da escada. Em seguida, veio uma viagem de turismo para a Argentina — sem o gesso, que ele a obrigou a retirar em casa, antes do prazo sugerido pelo médico.

A primeira denúncia à polícia só veio mais de uma década depois do início das agressões, quando o casal já tinha dois filhos adolescentes. E foi o mais velho quem tomou a atitude. Num dos episódios mais violentos, o filho, então com dezesseis anos, arrombou a porta do quarto onde o pai estava esganando a mãe e a convenceu a ir até a delegacia. Chegando lá, Rosana quis desistir e ficou preocupada em acabar com a vida do marido, porém, enquanto ela repensava, o filho gritou: "Olha só, meu pai bateu na minha mãe". Rosana, então, contou tudo para a polícia, mas no fim não quis assinar o registro de ocorrência. O filho, por ser menor, também não pôde fazer isso. Em situações como essa, quando a vítima não está preparada para denunciar, a atuação da polícia fica limitada. Mesmo entre as que fazem a denúncia, muitas acabam reatando o relacionamento e recusando as medidas protetivas.

Pouco tempo e outras agressões depois, Rosana chamou os filhos para informar que queria ir embora de casa. O marido ouviu e reagiu aos berros: "Você está manipulando os meus filhos, sua desgraçada". Ele estava prestes a partir para cima dela, mas o filho mais velho novamente saiu em defesa da mãe. Foi aí que o pai começou a agredir o filho, diante do desespero do mais novo, que pedia para o pai parar antes que matasse o irmão. Rosana conseguiu pedir ajuda por telefone para a família do marido, que morava na mesma rua e chegou rapidamente. Diante da própria mãe, dos irmãos e da cunhada, ele reagiu com ironia, virando-se para Rosana: "Ué, agora aprendeu a pedir socorro? Tá achando que a minha casa é circo?". E, de repente, ele puxou a calça legging que Rosana estava usando. Ela caiu no chão, quebrou um dente e, mais uma vez, fraturou a mão que ainda não tinha calcificado totalmente. De novo, foi para o hospital e, de novo, inventou um acidente doméstico e voltou para casa, acreditando que não tinha ninguém, que esses momentos de fúria iriam passar, que uma hora ia passar. Dias depois, ela e o marido embarcaram para uma praia do Nordeste.

Na volta, Rosana começou a relembrar do dia em que foi parar na delegacia. Ela não assinou o registro e nenhuma providência foi tomada, mas ouviu dos policiais vários alertas que ficaram gravados em sua mente. Um dia, acordou às seis da manhã já sendo xingada pelo marido sem nem entender o motivo. Pensou, então, que deveria começar a juntar provas das agressões. Botou o celular no modo avião para que não tocasse, pôs para gravar e o escondeu atrás de um quadro da casa. Só que o marido, antes de sair para o trabalho, queria olhar o telefone dela para bisbilhotar as mensagens — uma forma de controle que, em si, já é uma agressão. Aos berros, ele exigia ver o aparelho. Ela repetia que não sabia onde estava, enquanto pensava em como escapar de casa. Conseguiu chegar até a porta da cozinha, quando foi puxada pelos cabelos. Tentou se agarrar à janela ao lado da porta, mas foi arrastada e jogada contra a parede. Subitamente, porém, o marido interrompeu as agressões. Olhou para ela assustado e gritou: "Olha o que você me faz fazer". A porta de vidro havia se quebrado, abrindo um corte profundo e comprido no braço de Rosana. Ela perdia muito sangue, mas, por conta da adrenalina, nem tinha percebido. Essa foi a última vez que seu primeiro marido a agrediu.

O próprio homem a levou ao hospital e, dessa vez, o médico do pronto-socorro percebeu de imediato o que havia acontecido. Botou o agressor para fora da sala de atendimento e insistiu com Rosana para que ela procurasse a polícia. Disse que, se ela não o denunciasse, ele mesmo acionaria a delegacia.

Existe hoje uma área nebulosa na legislação sobre profissionais de saúde serem obrigados ou não a comunicar casos de violência contra a mulher. Em 2019, o governo federal sancionou uma lei que estabelece que esses casos são de notificação obrigatória nos serviços de saúde, públicos ou particulares, e que os casos em que houver indícios ou confirmação da violência têm que ser obrigatoriamente comunicados à polícia dentro de 24 horas para que sejam tomadas as medidas cabíveis e para fins estatísticos. A lei gerou muita polêmica porque exige a mesma resposta para qualquer violência contra a mulher, o que inclui a violência sexual. A nova lei mira especificamente as mulheres que têm direito ao aborto em caso de gravidez decorrente de estupro, mesmo sem a realização de qualquer registro policial. A vítima precisa apenas procurar uma unidade de saúde e seguir os protocolos de exames, além de prestar uma declaração descrevendo o ocorrido e se responsabilizando pela afirmação de que foi violentada. Obrigar os médicos a denunciar tem como pano de fundo o movimento contra o aborto em qualquer situação e a ideia equivocada de que mulheres mentem sobre violência sexual para conseguir um aborto legal, de forma que ficariam assustadas com a inclusão da polícia no caso. Houve muitos protestos entre os profissionais de saúde, promotores e defensores públicos, porque a medida tira da paciente o direito ao sigilo médico em uma questão muito sensível, íntima, traumática, difícil de lidar. Isso poderia deixar muitas mulheres com medo de procurar o sistema de saúde e, assim, elas ficariam sem a medicação anti-HIV, a prevenção de outras doenças sexualmente transmissíveis, a pílula do dia seguinte e o atendimento psicológico. Sobre a violência doméstica, a lei não mudou absolutamente nada porque os profissionais de saúde já tinham e seguem tendo por norma avisar à polícia quando avaliam que há risco de morte iminente, o que costuma ser o caso quando a vítima chega a dar entrada em um hospital. Mesmo nessas situações, é sempre muito delicado envolver policiais, e não é raro que as vítimas se voltem contra o médico que fez a denúncia. Nesse círculo vicioso de agressões e lua de mel, as mulheres que ainda mantêm a esperança de melhora no relacionamento se sentem encurraladas quando são levadas a tomar uma atitude. Muitas fazem de tudo para retirar ou amenizar a queixa, desmentem profissionais de saúde e rejeitam as medidas protetivas.

Em 2023, após a posse de um novo presidente e novos ministros, muitas iniciativas do governo anterior foram revistas. Em março desse mesmo ano, perguntei a funcionários do Ministério da Saúde qual era a orientação sobre o tema. A resposta veio um tanto confusa, falando sobre a nova lei, de 2019, e ao mesmo tempo citando a lei anterior de 2003, que protegia a identidade da vítima. Só que a lei mais recente contradiz e altera a outra. A nota enviada pela assessoria de imprensa do ministério mistura ainda uma outra lei, de 1975, sobre o anonimato de quem dá entrada no sistema de saúde, mas essa lei é específica para portadores de doenças contagiosas. Enfim, nem mesmo o órgão que rege todas as instituições de saúde do país sabe exatamente como proceder. O que ficou claro é que, no papel, a obrigação de notificar casos de agressão à polícia segue valendo, mas não mudou nada nos casos de violência doméstica, que necessariamente já deveriam ser denunciados. Nos casos de violência sexual, também nada foi alterado, ainda que a lei nunca tenha sido aplicada na prática nem haja nenhum tipo de pressão para que seja cumprida. Algumas unidades de saúde repassam informações sobre atendimentos de casos de violência sexual, mas só para as autoridades como a Vigilância Sanitária e as secretarias municipais de saúde, para fins de estatísticas e pesquisa.

No dia em que sofreu esse corte profundo no braço, Rosana conseguiu ser liberada do hospital ao jurar que iria denunciar o marido, mas, depois de levar os pontos, sentindo muita dor, se rendeu, entrou no carro do agressor e voltou para casa. Foi deixada na porta em péssimas condições, e a cunhada, que morava em frente, foi correndo ver o que tinha acontecido. O argumento da cunhada foi decisivo: "Eu sei que ele é meu irmão, mas ele vai te matar. Tá esperando acontecer o pior? Faz o que você tem que fazer. Não pensa, não". Nesse momento, sem pensar ou pela primeira vez pensando, Rosana foi até a delegacia e registrou queixa. Ela ainda assinou o registro anterior e, em 24 horas, conseguiu uma medida protetiva que determinava o afastamento do marido. Essa medida significa que o agressor tem que sair da moradia do casal e manter uma distância a ser definida pelo juiz. A lei não estabelece os limites, mas a Justiça em geral adota um distanciamento de 100 a 200 metros. O controle do cumprimento da medida é feito basicamente quando há alguma denúncia da vítima em alguma delegacia ou mediante visitas periódicas das autoridades, em rondas policiais que a partir de 2012 começaram a ser organizadas por municípios e estados. No Rio de Janeiro, por exemplo, funciona a Patrulha Maria da Penha, formada por policiais dos quadros da PM que se oferecem para participar da equipe e recebem treinamento para realizar as visitas periódicas a mulheres encaminhadas pelo Judiciário após a concessão de medida protetiva. Os policiais trabalham em dupla, em geral formadas por um homem e uma mulher, e fazem de uma a duas visitas por semana à vítima para checar se ela está em segurança. Essas visitas acontecem em dias da semana e horários variados, para não dar ao agressor a chance de saber quando os policiais estarão lá. As viaturas têm uma pintura diferente, com uma faixa rosa ou lilás, o que já cumpre o papel de mostrar que a polícia está ali especificamente para o combate à violência doméstica. A vítima não é obrigada a aceitar a supervisão da Patrulha Maria da Penha. Há mulheres que recusam, inclusive, por vergonha da vizinhança. No entanto, antes de recusar o atendimento, a mulher precisa ter pelo menos um encontro com os policiais e preencher um formulário de avaliação de risco, o que inclui perguntas sobre os episódios de violência, as ameaças, se o agressor tem arma de fogo e se ele tem buscado aproximação. Muitas vezes, ao responder ao questionário, a mulher se dá conta de que precisa da supervisão das rondas. Rio Grande do Sul, Bahia e Maranhão foram os primeiros estados a implantar essa medida. Em São Paulo, o trabalho é feito na capital pela Guarda Civil Metropolitana. No Rio, entre agosto de 2019 e dezembro de 2022, a Patrulha Maria da Penha atendeu 49.706 mulheres em todo o estado. Há alguns poucos casos em que agressores usam tornozeleira eletrônica para controlar se o distanciamento da vítima está sendo cumprido, mas esse é um método incomum porque a lei que trata do uso de tornozeleira estabelece que ela seja usada apenas para pessoas já condenadas que estejam em regime semiaberto ou em prisão domiciliar. Fora desses casos, a tornozeleira não é obrigatória. O juiz até pode solicitar seu uso como uma medida protetiva, mas o acusado pode se recusar. Foi aprovado em 2025 um projeto de lei que propõe a inclusão da tornozeleira como uma das medidas protetivas previstas na Lei Maria da Penha, porém ainda aguarda a sanção presidencial.

Quando Rosana conseguiu a medida protetiva, um oficial de justiça acompanhou o marido enquanto ele retirava de casa suas roupas e seus objetos pessoais. Meses depois, na audiência, ele chorou diante do juiz dizendo que era uma vítima, um homem traído. A medida protetiva foi sendo renovada de três em três meses por mais de um ano. Três meses costuma ser o tempo de uma medida protetiva, e a renovação acontece em geral a pedido da vítima e se o juiz avaliar que ainda há necessidade. No caso de Rosana, o agora ex-marido, talvez com medo do impacto da denúncia em sua carreira na Polícia Militar, respeitou o afastamento.

Quando conversamos, olhei para o braço de Rosana e vi uma enorme tatuagem com os dizeres: "Nunca mais". Ela a fez logo que saiu do tormento do casamento. Na época, o delegado do caso também viu a tatuagem e a alertou para o risco de se envolver em um novo relacionamento violento. Ele disse que, pelo tempo que passou suportando as agressões, Rosana deveria tentar se cuidar, procurar atendimento psicológico e entender por que não denunciou antes. Só que ela não seguiu o conselho e se sentia segura, pronta para uma nova vida sem o sofrimento do passado.

Oito meses depois, Rosana foi apresentada a um amigo de uma colega de trabalho e se interessou por ele. O perfil era completamente diferente daquele do ex: o rapaz trabalhava como mecânico industrial, cobria Rosana de elogios, comprava o que ela gostava de comer, colocava meia nos pés dela quando ela estava dormindo. Parecia um conto de fadas, ainda mais para uma mulher saída de um relacionamento física e psicologicamente abusivo. Até que ela começou a estranhar o cerco dele ao longo do dia. Começou com mensagens como: "Amor, como assim você tá on-line na hora do almoço? Tá almoçando com quem?". Logo a coisa evoluiu para "Deixa eu ver onde você tá? Manda uma foto pra mim?" até chegar em "Posso ver suas conversas?". Assustada, Rosana terminou o namoro, mas pouco depois descobriu que estava grávida. Quando contou para o rapaz, ele reagiu dizendo que Rosana queria forçá-lo a assumir um filho que não seria dele, e aí começaram as ameaças de morte. Ele também passou a espalhar entre os amigos e a família sua versão equivocada da história. Foi então que Rosana, já mais escaldada, registrou a primeira queixa contra ele por calúnia, difamação e ameaça. Também entrou na Justiça pedindo que ele fizesse exame de DNA e pagasse alimentos gravídicos, espécie de pensão que o pai paga ao filho antes do nascimento para ser usada nos gastos da gestante com medicamentos, exames, consultas, tratamentos e no parto.

Quando Rosana entrou no sexto mês de gestação, o rapaz "implorou para que voltasse", dizendo que queria cuidar do filho. Fragilizada, Rosana reatou o relacionamento e só aí começou a fazer o pré-natal. Até então, ainda em negação, sem querer aceitar a realidade, se recusava a fazer qualquer exame ou consulta para acompanhar o andamento da gravidez.

Não acredito que todos os homens sejam iguais nem mesmo que todos os homens agressores sejam iguais, mas é impressionante como o roteiro é sempre o mesmo. Depois desse momento de aproximação, começou um ciclo de agressões físicas intercaladas com pedidos de perdão e promessas de mudança. O primeiro soco veio quando ele pegou o celular dela e começou a questioná-la sobre um contato sem foto, de quem ela nem se lembrava. Após cada agressão, Rosana volta para casa onde vivia antes de ir morar com o namorado, até lhe dar uma nova chance e ir para a casa dele, para então, após alguns dias, ser agredida de novo. Ela não sabe até hoje como não perdeu o bebê pelo tanto que apanhou quando estava grávida.

Com a gestação já adiantada e depois de uma surra que durou toda a madrugada, Rosana finalmente procurou a polícia. Após a denúncia, conseguiu uma medida protetiva contra seu segundo agressor. Ele, porém, fugia do oficial de Justiça para não ser notificado — quando o agressor não é encontrado, ficando, assim, impedido de tomar ciência da decisão, a medida protetiva não tem validade. O rapaz passou a invadir a casa de Rosana. Ela chamava a polícia, e ele dizia aos agentes que morava ali, que aquela era apenas uma briga de casal. Ele até ia embora, mas ficava por isso mesmo. Pela lei, o agressor precisa ser formalmente notificado e assinar um documento para que a medida protetiva entre em vigor, estabelecendo que obrigações precisam ser seguidas e que seu descumprimento é motivo para prisão. O juiz até pode determinar a validade da medida mesmo sem a assinatura, mas só se ficar claro que o agressor tem ciência da decisão, mas está fugindo do oficial de Justiça. Esse é o caso quando as testemunhas confirmam que o agressor está naquele endereço, mas se esconde quando o oficial aparece ou quando o agressor já tem advogado e este se manifesta no processo. Esse jogo de gato e rato faz com que, no mínimo, a vítima demore mais a conseguir a proteção e o agressor ganhe tempo.

Quando o filho nasceu, Rosana acabou se reaproximando do pai da criança. Voltou a ser agredida e ainda, por várias vezes, mantida em cárcere privado. Na festa de aniversário de um ano da criança, o pai não apareceu e cismou que Rosana tinha levado algum outro homem na comemoração. Foi a senha para mais agressões. Nesse dia, ela conseguiu fugir, pegar o carro e sair dirigindo até começar a se sentir tonta. Quando viu uma viatura da polícia, parou para pedir ajuda e foi questionada pelo policial: "O que é isso no seu rosto?". Rosana estava com o maxilar superior afundado.

Os policiais a acompanharam até o hospital, onde ela teve que ser operada. Rosana registrou uma nova denúncia e conseguiu uma nova medida protetiva. Depois de apenas um mês afastado, o agressor lhe mandou uma mensagem pedindo para conversar. Ela aceitou encontrá-lo em um lugar público. Foram para um bar movimentado. Entretanto, a tal conversa que ele queria ter era composta apenas de mais questionamentos do tipo: "Com quem você estava na praia no dia tal?"; "Quem ligou para você no dia x?"; "Quem foi à sua casa no dia y?". Nenhuma resposta o deixava satisfeito. Como sempre, ela dava todas as explicações para, no fim, ser chamada de mentirosa.

Depois do encontro, o combinado era cada um ir para sua casa. Rosana, no carro dela; e o homem, de Uber, mas ele apelou dizendo que não estava conseguindo um carro porque já estava tarde. Mostrava o celular com o aplicativo aberto sem que ela conseguisse ver direito a tela. Assim, ela acabou sendo convencida a dar uma carona ao agressor até a casa dele. Tenho certeza de que agora você está pensando: "Como pode?" ou "Que burrice!". Contudo, quando se trata de um relacionamento romântico, muitas vezes a lógica não prevalece. Além disso, nunca se pode equiparar a ingenuidade da vítima à maldade do agressor. Mesmo uma mulher que "se descuida" não pode ser considerada culpada ou responsável pela agressão que sofreu. A culpa e a responsabilidade são sempre do agressor.

Quando o ex-casal chegou à casa do rapaz, ele arrancou a chave da ignição, e Rosana, na mesma hora, saiu do carro. Ele foi atrás dela, a alcançou e lhe deu um soco na cabeça que a deixou zonza e sem conseguir escutar direito. Era madrugada, mas ainda havia algumas pessoas na rua, e ninguém fez nada. Ele a arrastou para dentro de casa, enrolou um edredom na cabeça dela para abafar os gritos e começou o espancamento. Quando sentia que ela ia desmaiar, parava, lhe dava água e então recomeçava. Rosana já nem sabia mais se era dia ou noite. Ainda hoje, não consegue precisar quanto tempo durou a sessão de tortura. Entre tantos momentos de agressão, em dois relacionamentos, essa foi a única vez em que perdeu a esperança e acreditou que, de fato, não sairia dali viva, mas o homem acabou deixando que Rosana fosse embora após dizer que esperava que, agora, ela tivesse "aprendido a lição".

Muito machucada, Rosana foi parar novamente no hospital, onde descobriu que um de seus tímpanos havia sido rompido. Fez uma nova denúncia e um exame no Instituto Médico Legal. O exame de corpo de delito é feito por um médico-legista que procura especificamente por indícios de crime, como manchas vermelhas e hematomas deixados por agressões. Quanto antes for feito, melhor, pois com o tempo muitas marcas podem desaparecer ou ser suavizadas. Em 2018, foi aprovada uma lei que garante prioridade no exame para vítimas de violência doméstica, assim como para crianças, adolescentes, idosos e pessoas com deficiência. O laudo do legista entra para os autos do processo e é usado como prova no tribunal. Dez dias depois da nova denúncia e do exame de Rosana, o agressor foi, enfim, preso por tortura, lesão corporal, ameaça e cárcere privado.

Aqui, entra o questionamento tão comum quanto cruel diante dos casos de mulheres que se mantêm em relacionamentos abusivos e violentos, com risco de morte: mas por que ela não toma uma atitude? E, quando o faz, outra pergunta surge: por que demorou tanto tempo para reagir? Uma explicação é o fato de as mulheres serem culturalmente ensinadas a manter a todo custo seus relacionamentos. Na família, na sociedade e, consequentemente, em nossas cabeças, repetem-se crenças como as de que uma mulher precisa ter um homem a seu lado. A opção ou a circunstância de ficar sozinha não são tratadas com naturalidade. Uma desconfiança sempre paira ao redor da mulher solteira, como se ela tivesse algum problema e fosse incapaz de "ser escolhida". E, uma vez "sendo escolhida", precisa segurar esse homem ao lado dela. Não vivemos em uma sociedade em que as pessoas se escolhem mutuamente. O que existe é uma pressão para que a mulher seja "escolhível" — palavra inexistente na língua portuguesa, mas que, para mim, traduz exatamente a cobrança que todas nós sofremos. A solteirice pressupõe a incompetência da mulher em arrumar e manter um homem. Isso por si só já explica a permanência não só em relacionamentos abusivos, mas em vários absolutamente infantis, vazios, estressantes, insossos e chatos. Para uma mulher, pode ser muito desconfortável estar sem um homem a seu lado. Em geral, nos sentimos mais seguras de nós mesmas quando estamos em um relacionamento. Cada vez mais mulheres percebem isso e tentam se livrar dessas ideias limitantes, mas não é fácil ir contra os costumes. O irônico na violência doméstica é que a busca por segurança pode levar a mulher a manter por perto o maior fator de risco.

Outra crença que aprisiona mulheres em relacionamentos violentos é a de que uma mulher de verdade tem o poder de corrigir qualquer desvio de conduta ou caráter do homem que está a seu lado. As pesquisadoras Valeska Zanello e Mariah Sá Barreto Gama fizeram uma análise das cem músicas sertanejas mais ouvidas no Brasil entre 2016 e 2018, usando dados de uma plataforma que reúne informações fornecidas por mais de 7 mil emissoras de rádio. Impressiona como as músicas reforçam o massacre das mulheres. Há trechos como "Nunca acreditei em amor à primeira vista/ até você aparecer do nada [...]/ Quem me viu, se visse hoje, não acreditaria/ que o cachaceiro virou homem de família".* Outra letra diz: "O conquistador aposentou, pra mim já deu./ Troquei mil por uma/ E essa uma, por mim, valeu".** A crença de que uma mulher realmente especial consegue transformar um homem mulherengo, farrista e infiel em um bom companheiro faz com que muitas mulheres se mantenham em relacionamentos infelizes ou abusivos na esperança de que vão conseguir mudar o parceiro. Desistir é visto como um fracasso feminino. Claro que as pessoas podem mudar, mas elas mudam por si próprias. Ninguém é capaz de mudar o outro.

Além desses conceitos tóxicos, a violência contra a mulher em si, de todos os tipos, também é naturalizada em muitas outras letras de música. "E olha eu aqui, pela décima vez./ Tô passando na frente da casa amarela./ Se algum vizinho me denunciar, a culpa é dela./ De ex-namorado, agora eu tô virando suspeito"*** são versos que tratam a perseguição como um ato romântico. Eu só imagino a vítima acuada pelo ex obsessivo dentro da tal casa amarela. Em 2021, foi acrescentada ao Código Penal a chamada Lei do *Stalking*, que pune com seis meses a dois anos de reclusão quem perseguir alguém reiteradamente, por qualquer meio, invadindo ou perturbando sua liberdade ou sua privacidade. A pena é aumentada se o crime for praticado contra uma mulher simplesmente por ela ser do sexo feminino.

E o que dizer desta outra letra: "Cê não vai me iludir de graça/ Me atiçou, vai ter que dar uma namorada."**** Essa foi lançada mais recentemente, em 2021, em tempos de maior conscientização, e por isso rendeu polêmica. Nas redes sociais, foram muitas as acusações de que a letra incentiva a cultura do estupro. Muitas vozes se levantaram para reforçar que "não" é "não", e a qualquer momento a vontade da mulher tem que ser respeitada. O fato de o homem acreditar que a parceira "o atiçou" não faz a menor diferença. Não tem muito tempo que as pessoas começaram a perceber os absurdos

---

* Gusttavo Lima, "Homem de família", canção do álbum *50/50*, 2016.
** Luan Santana, "MC Lençol e DJ Travesseiro", *single*, 2018.
*** Guilherme e Santiago, "Casa amarela", canção do álbum *Acústico 20 anos*, 2016.
**** Israel e Rodolffo, "Dar uma namorada", canção do álbum *Ao vivo em Brasília*, 2021.

que são cantados em vários gêneros musicais. Eu mesma me lembro de já ter cantarolado alegremente um samba que diz: "Mas, se ela vacilar,/ vou dar um castigo nela./ Vou lhe dar uma banda de frente,/ quebrar cinco dentes e quatro costelas".*** Como eu pude, ainda mais sendo mulher, achar isso engraçado ou inofensivo?

Outro ponto que explica os motivos pelos quais muitas mulheres permanecem em relacionamentos abusivos é que a violência acontece aos poucos e o nível de tolerância aumenta de forma gradativa. Naquela primeira vez, lá atrás, em que Rosana levou um chute, ela se revoltou. Depois de algum tempo, com a escalada da violência, um chute já não parecia tão grave assim. As agressões verbais e físicas "menores", que causam menos dano, vão passando quase despercebidas, incorporadas a uma rotina de submissão e tormento.

São muitas as histórias, crenças e medos que levam mulheres a seguir com relacionamentos abusivos, e isso não faz delas menos vítimas. A pergunta: "Mas por que ela continua com ele?" só serve ao propósito de desacreditar a mulher, insinuar que está mentindo, que o que está acontecendo não é tão grave assim ou, pior, que gosta de apanhar. E mais: joga toda a responsabilidade para cima da mulher. Ninguém pergunta o que há de errado com aquele homem que agride a companheira. É sempre: "O que há de errado com essa mulher que continua nessa situação?". Já passou da hora de questionarmos nossos próprios questionamentos.

O agressor de Rosana, inacreditavelmente, passou apenas três meses na cadeia, mas esse tempo serviu para mudar de vez o rumo da vida dela. Um tanto envergonhada, Rosana me contou que, durante o curto período que o pai de seu filho passou na cadeia, ela, apesar de tudo, sofreu com a saudade. Ela sentia falta do agressor. Sem entender como poderia ter saudade de tanto medo, dor e humilhação, resgatou o conselho do primeiro delegado que a atendeu e concluiu que estava doente. Precisava de socorro médico. O psiquiatra que a atendeu explicou a ela o que era a dependência emocional. Enquanto há mulheres que terminam o relacionamento ao primeiro sinal de uma grosseria que seja, outras não têm recursos emocionais e

---

* Zeca Pagodinho, "Faixa amarela", canção do álbum *Hoje é dia de festa*, 1997.

psicológicos para sair de uma relação amorosa, ainda que ela seja abusiva ou prejudicial. Não há uma única fórmula que leve à dependência emocional. Cada caso é um caso. Há mulheres que simplesmente se sentem incapazes de ficar sozinhas. Outras fogem do término porque não conseguem enfrentar o luto pelo fim de um amor, têm uma extrema dificuldade de lidar com a perda. Há quem viva uma fantasia, na qual o casamento não é tão ruim assim, ignorando a realidade da situação. É comum também haver o medo do que vem depois, uma expectativa de que a vida possa até piorar. Mesmo mulheres bem-sucedidas e fortes em outras áreas da vida podem ficar sem ação, porque no relacionamento romântico o parceiro ocupa um lugar muito exclusivo, diferente do espaço de amigos, familiares, colegas de trabalho e, até mesmo, dos filhos. A história de vida, o ambiente, os exemplos na família e o temperamento de cada um moldam nossa estrutura emocional e o nível de tolerância. O rompimento da relação em geral só acontece quando o grau de sofrimento fica insuportável, o que pode levar anos.

Em 2016, o Grupo de Gênero do Ministério Público de São Paulo, que se dedica a investigar e combater a violência contra a mulher, analisou todas as denúncias feitas pelo Ligue 180, o serviço do governo federal para atendimento à mulher. A pesquisa mostra que vítimas de violência doméstica podem levar mais de uma década para denunciar o crime. Enquanto até 12% das denúncias foram feitas por mulheres com um ano de relacionamento ou menos, 37% dos casos vieram de mulheres em relacionamentos de uma década ou mais de duração — e, em muitos deles, as agressões aconteciam desde o começo. Em um levantamento mais recente, a Defensoria Pública do Ceará ouviu 518 mulheres atendidas pelos defensores em 2022 e que aceitaram participar da pesquisa. Quarenta por cento delas disseram sofrer violência há, pelo menos, seis anos.

A dependência emocional não chega a ser uma doença, como Rosana pensou, mas pode ser um transtorno. A psiquiatria tem catalogado o transtorno de personalidade dependente, caracterizado por tendência sistemática de deixar outros tomarem as decisões, medo de ser abandonado, percepção de si mesmo como fraco e incompetente e submissão à vontade do outro. Rosana não recebeu esse diagnóstico, mas o histórico de ter caído pela segunda vez em uma relação violenta é um sinal de alerta.

Seja qual for a causa, o tratamento da dependência emocional é feito basicamente com psicoterapia, mas pode ser complementado com medicação antidepressiva. Rosana seguiu à risca a prescrição de remédios e sessões com o terapeuta. Com o tratamento, ela passou a não dar mais credibilidade à saudade que sentia, repetia para si mesma que aquele sentimento não era amor, mas, sim, uma dependência que ela precisava vencer. Quando o agressor foi solto e voltou a procurá-la, ela resistiu e ameaçou denunciar o descumprimento da medida protetiva. Após algumas tentativas de reaproximação, ele desistiu. Quando conversamos, fazia um ano que Rosana não tinha mais contato com seu segundo agressor. A medida protetiva também o proíbe de ver o filho.

Rosana continua fazendo terapia até hoje, e o tratamento segue funcionando. Pouco tempo antes de nossa conversa, ela começou a se envolver com outro rapaz. Um dia, ele telefonou dizendo que estava com saudade e que, aliás, já estava na porta da casa dela. Em outro, fez uma chamada de vídeo quase meia-noite nitidamente para vigiá-la. Quando ele tomou o celular da mão dela em tom de brincadeira, dizendo que queria ver com quem Rosana andava conversando, ela reagiu com um vocabulário bem carioca, em um diálogo que eu gostaria de ter visto: "Me dá licença, que não é da sua conta. Pega a reta da rua e vaza, filhão". E pôs um fim na história.

Rosana tem precisado usar essa mesma assertividade com o filho mais velho. O mesmo menino que denunciou a violência sofrida pela mãe e se insurgiu contra o pai começou a dar sinais de um comportamento controlador nos relacionamentos com as namoradas. E esse não é um fato incomum. Filhos que presenciam violência doméstica também são vítimas e podem acabar reproduzindo o que vivem dentro de casa. A edição de 2023 da pesquisa *Visível e invisível: a vitimização de mulheres no Brasil*, publicada pelo FBSP, chegou a um índice alarmante de violência contra as mães. A pesquisa concluiu que 25% das mulheres brasileiras que têm filhos sofreram algum tipo de agressão física ou verbal nos doze meses anteriores à pesquisa. E quase a metade das brasileiras com filhos, 44,4%, foi agredida por um parceiro íntimo em algum momento da vida, a maioria com insultos, tapas, empurrões, chutes e xingamentos. O levantamento do Ministério Público de São Paulo já citado neste capítulo aponta que 60% dos filhos presenciam as agressões e 20% também são agredidos. O estudo da Defensoria Pública do Ceará confirmou esses dados: 61% das entrevistadas disseram que os filhos viram as agressões. Independentemente de números, sabemos que os agressores de mulheres não costumam se conter por causa de crianças ou adolescentes. E, mesmo quando não estão presentes no momento da agressão em si, os filhos recebem o impacto de um ambiente violento. Como sempre se diz, as crianças percebem tudo. Diante de situações violentas, meninos e meninas podem sair em defesa da mãe. Especialmente meninos, depois que crescem, estão mais sujeitos a encarar embates físicos com o agressor. Ainda assim, apesar dessa atitude de enfrentar e condenar a violência, podem acabar tendo algum tipo de identificação com o pai ou o padrasto, com a figura masculina, e, mais tarde, inconscientemente, repetir comportamentos agressivos nos próprios relacionamentos.

Depois de tudo que passou, Rosana buscou mil maneiras de se proteger: fez cursos de defesa pessoal e jiu-jítsu, cria nove pit bulls — todas fêmeas — e anda sempre com um canivete na bolsa. Ainda lida com as cicatrizes, a dificuldade de escrever com a mão direita três vezes fraturada, a perda auditiva parcial e as dores de cabeça constantes que ela acredita serem resultado das agressões repetidas na região. Uma pancada na cabeça pode causar morte imediata ou deixar sequelas permanentes. Os golpes constantes podem levar ao desenvolvimento de uma doença chamada encefalopatia traumática crônica, conhecida até 2002 como "demência pugilística", por ser típica de boxeadores. É uma doença progressiva que causa alterações de comportamento e de memória, falta de coordenação, problemas de fala, perda cognitiva e demência. Ou seja, a violência doméstica tem o mesmo potencial de dano sofrido por lutadores de boxe e jogadores de futebol americano — sendo que, nos esportes, os golpes são amenizados pelos capacetes e luvas.

Lutadora em outro sentido, Rosana decidiu transformar a vivência difícil em auxílio a outras vítimas de violência. Ela criou na Baixada Fluminense, área periférica do estado do Rio de Janeiro, onde vive, um projeto social que acompanha e orienta todos os meses entre quinze e vinte mulheres que sofrem agressões. Em 2022, deu mais um passo e começou a oferecer abrigo para vítimas que precisam de algum lugar para dormir por algumas noites até conseguirem ir para a casa de parentes ou até que o agressor seja afastado da residência compartilhada com a parceira. O projeto também fornece ajuda, nos trâmites necessários, para a obtenção do aluguel social, programa disponibilizado por algumas prefeituras. Isso porque algumas mulheres, para a própria proteção, não podem retornar ao local onde residem. A tatuagem de Rosana dá nome ao projeto. Agora, sim: "Nunca mais".

3

Eu preciso sair daqui com vida

Thainá é uma sobrevivente. Chegou a ser dada como morta quando foi encontrada pelos bombeiros, que inicialmente se recusaram a socorrer a moça toda esfaqueada porque ela estava sem pulso e não queriam mexer no corpo, achando que atrapalhariam uma provável investigação de homicídio. A história ganhou os jornais em março de 2018, e me chamou a atenção por apresentar uma diferença muito importante em relação à maioria dos casos de violência doméstica e feminicídio. Mas vamos começar pelo início da história.

Thainá Cristina da Silva é nascida e criada em Barretos, município do interior de São Paulo com pouco mais de 120 mil habitantes, famosa nacionalmente pela Festa do Peão de Boiadeiro. Durante dez dias no mês de agosto, a cidade recebe um número de turistas cinco vezes maior que sua população para assistir a rodeios e shows de cantores sertanejos. Os pais de Thainá, um administrador de fazendas e uma comerciante, foram casados por duas décadas e, após se divorciarem, mantêm uma convivência amigável. Ao longo da infância, a menina presenciou apenas discussões corriqueiras, nada que a aproximasse da violência extrema de que foi vítima aos 25 anos. A única ligação com assuntos policiais era a vontade de ser delegada, que ela acalenta desde os seis anos de idade.

Na adolescência, a mãe começou a trabalhar como autônoma e vendia roupas no centro de Barretos, na casa de uma tia de Thainá. Foi quando ela teve o primeiro contato com seu agressor. Evandro morava ali perto, era amigo do primo da jovem e logo virou um dos principais clientes da venda de roupas. Acabou se aproximando de toda a família.

Pouco tempo depois, os pais de Thainá se separaram, e a mãe foi para outra cidade próxima, onde abriu uma loja de roupas e uma lanchonete. Thainá havia sido aprovada na sonhada faculdade de direito em Barretos, mas trancou a matrícula para acompanhar a mãe.

Nessa época, Evandro trabalhava como técnico de máquinas de cartão de crédito e débito em várias cidades da região e volta e meia aparecia no comércio da mãe de Thainá. A história de vida dele impressionava: Evandro e a irmã haviam sido abandonados pelo pai, a mãe havia morrido quando ele tinha 18 anos e, em meio a tantas dificuldades, se tornou um rapaz gentil e trabalhador. Os dois se seguiam nas redes sociais e, muitos comentários e curtidas depois, podiam dizer que eram amigos.

Anos depois, quando a mãe decidiu voltar a morar em Barretos, Thainá retornou com ela, e era comum ela sair com sua antiga turma de amigos, entre os quais também estava Evandro. Ele desabafava sobre como gastava todo o salário em bebidas, roupas e festas e a jovem o aconselhou a economizar, convidou-o para frequentar sua igreja e até acompanhou as desilusões amorosas de Evandro. Mesmo quando foi traído por uma então namorada, ele não demonstrou nenhuma reação violenta. Os dois ficaram próximos, e, alguns meses depois, começou a surgir um interesse. Eles começaram a ficar juntos e decidiram namorar. Mas, ao contrário do que essa história parecia sugerir, o namoro não durou muito. Aliás, não durou quase nada.

Thainá conta que bastou o relacionamento ganhar o nome de namoro para Evandro virar o oposto do que ela conhecia. Ciumento e possessivo, tinha problemas até com as conversas telefônicas que Thainá tinha com o irmão e com o pai. Reclamava que ele tinha que ficar esperando enquanto ela estava ao telefone. Um dia, encontrou com a namorada na loja da mãe dela e questionou por que a jovem não tinha avisado que iria sair. Thainá já morava sozinha, trabalhava numa imobiliária e fazia faculdade no turno da noite. Estava começando uma vida independente que seguia para o lado oposto de um relacionamento castrador. Com três dias de namoro oficializado, levou Evandro para conhecer o pai na fazenda onde ele ainda morava e trabalhava. Ele alertou a filha: "Esse menino é ciumento, e você não vai ter paciência". Em um comportamento comum em pessoas apaixonadas, Thainá tentou entender e justificar o comportamento do namorado. Argumentou que Evandro era inseguro por ter sido abandonado pelo pai e por ter perdido a mãe ainda muito jovem. Ela repetia para si mesma que, com o tempo, Evandro iria melhorar. Até que um episódio deixou muito claro que nada era como ela imaginava.

Na segunda semana do namoro, uma das irmãs de Thainá, que mora numa cidade vizinha a Barretos, convidou o novo casal para um show de música sertaneja promovido pela prefeitura e ofereceu que os dois dormissem em sua casa para que não precisassem pegar a estrada de madrugada. Eles toparam, e a primeira impressão causada por Evandro foi das melhores: a irmã de Thainá o achou muito educado, simpático e gentil. No show, ele começou a beber, e sua personalidade se tornou muito diferente. Era uma noite quente, e Evandro se tornou pegajoso, o que incomodou Thainá pelo calor e porque a deixava constrangida. Thainá tentou se desvencilhar, e ele se tornou agressivo. "Por que você quer ficar longe de mim?", Evandro indagava, ríspido. Em seguida, ele ficou paranoico, cismado de que ela estava olhando para outros homens e que estes também olhavam para ela. A essa altura, Thainá já se perguntava o que estava fazendo ali.

Antes de Zezé di Camargo e Luciano encerrarem sua apresentação, Thainá já estava convencida de que Evandro não servia para ela. Queria voltar direto para casa, mas a irmã a convenceu de que não valia encarar o risco da estrada tão tarde e ainda tentou aliviar o clima, dizendo para o cunhado "largar de ser bobo".

Na saída do show, houve mais uma cena. Thainá pediu a chave do carro, e Evandro a jogou em cima dela. A chave caiu no chão e, depois de alguma discussão sobre a falta de educação dele e sobre quem iria pegá-la, Thainá resgatou a chave pensando onde tinha ido parar aquele amigo de tantos anos, com quem ela dava risadas, um amigo que, inclusive, se oferecia para buscar o que quer que faltasse na mesa do bar para quem quer que fosse. A turma com quem eles saíam não iria acreditar quando ouvisse aquela história. Assim como foi difícil para todos acreditarem no que Evandro fez pouco tempo depois.

Depois de uma noite maldormida na casa da irmã, Thainá voltou a Barretos decidida. Evandro insistiu em ir até casa dela pegar um par de tênis que havia deixado lá. Assim que cruzaram a porta, ela abriu o jogo: "É o seguinte: a partir de hoje, a gente não é mais namorado. Não gostei do que você fez no show. A gente conviveu muito tempo, e você não é a pessoa que eu pensei que fosse".

Evandro ouviu tudo em silêncio e não protestou — pelo contrário, ele até mesmo concordou com todas as palavras da jovem. Disse que Thainá tinha razão, que ele tinha passado dos limites, que agiu movido pelo medo de ser abandonado e que ela o conhecia melhor do que qualquer outra pessoa. Ele chorou e pediu perdão.

A reação de Thainá, no entanto, foi muito diferente do que, em geral, acontece nesse tipo de situação. É aí que sua história se torna tão digna de nota — e tão emblemática da forma como a mulher ainda é vista em nossa sociedade.

Quando conversei com Thainá, já tinha lido sobre o crime nos jornais. E, ao ouvir o relato dela, confesso que fiquei surpresa quando, nesse ponto da história, ela me contou que o namoro havia durado apenas duas semanas. Achei que ela me diria que deu mais uma chance para Evandro. Afinal, eles eram amigos de longa data, sua família o conhecia havia tempos, ela poderia ajudá-lo a superar um histórico familiar difícil e tantos outros motivos que levam mulheres a relevar comportamentos abusivos. Fiquei me sentindo péssima comigo mesma pensando que, numa situação dessas, e com um show de arrependimentos como o demonstrado por Evandro, apesar de ainda ficar com o pé atrás, era bem provável que até mesmo eu terminasse aquela conversa mantendo o namoro. Aliás, num exercício de memória, me lembro de mais de uma vez em que passei por cima de episódios vergonhosos e mantive relacionamentos que me faziam mal na esperança de superar a crise e voltar a me sentir bem ao lado daquela pessoa. Digo que foi preciso um exercício para que eu me lembrasse dessas ocasiões porque não registrei nada disso como agressão. Quando tudo aconteceu, eu achava que não havia nada de errado, que aquele era apenas um destempero momentâneo, que eu é que deveria ser mais tolerante, que tudo poderia melhorar, que ninguém é um ser humano "perdido" — nem "perfeito". E, assim, em diferentes relacionamentos, tolerei ofensas, gritos, ameaças, ser puxada pelo braço, um celular jogado em cima de mim e até um tapa. Mas Thainá, não. Por muito menos, ela disse não.

Evandro jurou mudar, e ela simplesmente declarou: "Tudo bem. Quando você mudar e eu tiver certeza disso, me procura". Ele insistiu que tinha medo de que Thainá se interessasse por outro e ela retrucou que não estava procurando ninguém, assim como não procurou por ele. Ela ofereceu voltar à amizade de antes, porém ele recusou a oferta. Thainá seguiu categórica: "Ok, então não seremos nem amigos mais". A muito custo, Evandro saiu da casa da então ex-namorada dizendo que ela estava de cabeça quente e que, no dia seguinte, eles conversariam com calma. Contudo, Evandro não conseguiu nem mesmo esperar que o sol raiasse.

Naquela noite e na madrugada de segunda-feira, ele telefonou repetidas vezes para Thainá, que não atendeu. Ele então passou a bombardeá-la com mensagens de texto, que ela também não respondeu. Ainda ouviu os primeiros toques de celular, sempre deixava o som ligado para o caso de alguma emergência, mas logo depois botou no silencioso para tentar dormir um pouco antes de começar a semana de trabalho. Quando acordou naquela manhã de segunda-feira, viu em números a insistência irracional e assustadora de Evandro: foram 50 telefonemas e 33 mensagens de texto. Thainá tirou um *print* da tela e mandou para ele com a pergunta: "Você acha que é uma pessoa normal?". Ele tentou se defender dizendo que estava desesperado. E eu fiquei com vontade de perguntar se tamanho desespero por um namoro de quinze dias também é atitude de uma pessoa "normal".

Nos dias seguintes, Evandro seguiu o roteiro clássico e insistiu em encontrar Thainá para conversar. Apelou dizendo que o sofrimento causado por ela o estava levando de volta à mesma dor que sentiu quando perdeu a mãe. Thainá não aceitou essa culpa. Foi dura na queda e não cedeu. Disse que ele precisava dar tempo ao tempo e não respondeu mais a suas mensagens e ligações. A essa altura, estava cada vez mais certa de que, dele, só queria distância.

Sem obter respostas, Evandro um dia brotou na faculdade de Thainá. Ela conversava com amigas durante o intervalo entre as aulas quando uma delas avistou Evandro em meio aos carros estacionados próximos ao pátio.

Ao ser descoberto, ele foi em direção ao grupo, para a incredulidade de todas ali. Sentou no banco ao lado da ex-namorada e, na frente das amigas dela, disse que Thainá não podia fazer aquilo com ele, que ele sabia que tinha agido errado e que todo mundo merece mais uma chance.

Enquanto Thainá me contava essa parte da história, pensei: "Bom, foi aí que eles reataram". Mas Thainá manteve-se firme. Disse que não queria mais e ponto. Evandro se prontificou a esperar até a última aula e acompanhá-la até em casa, mas ela recusou a oferta e saiu ressabiada da faculdade naquela noite, achando que o ex inconveniente poderia estar à espreita no estacionamento. Não estava, mas isso não significava que ele havia desistido.

Quando virou a esquina de casa e ia abrir o portão eletrônico da garagem, Thainá viu Evandro parado do lado de fora. Corajosa, como sempre, ela o interpelou e o rapaz respondeu, chorando, que precisava conversar. Ela o mandou embora e disse que, daquele jeito, ia acabar ficando com raiva. Na verdade, porém, o comportamento obsessivo de Evandro já denotava a raiva que ele sentia por ela, a raiva de ser rejeitado, de não conseguir submeter uma "simples" mulher à sua vontade, o famoso "orgulho de macho ferido".

Ele passou mais alguns dias aparecendo na casa de Thainá sem ser convidado, insistindo em ligações nunca atendidas e em dezenas de mensagens sem resposta. O celular de Thainá era conectado ao notebook em que ela trabalhava na imobiliária, e o assédio era tanto que um colega de trabalho percebeu o que estava acontecendo. Mateus comentava como o ex de Thainá era insistente, e ela dizia que realmente Evandro estava dando muito trabalho. Mostrou fotos do ex no Facebook e, com isso, o colega passou a identificá-lo, mais de uma vez, rondando a imobiliária. Parecia estar procurando pelo carro de Thainá para saber se ela estava no trabalho. Mateus acabou sendo uma testemunha importante, que agilizou as investigações.

Cansada do assédio, Thainá bloqueou o ex de todas as formas e, com isso, ele se tornou ainda mais paranoico. Ia até a loja da mãe dela chorar e pedir ajuda para retomar o relacionamento. Foi atrás de todos os amigos mais próximos pedindo também pela intercessão deles. Até que foi ao único lugar em que ainda não tinha aparecido. Ele sabia que Thainá chegava pontualmente às oito horas da manhã no trabalho. Ela era a primeira funcionária a chegar e era responsável por abrir a porta para os colegas. Eles tocavam o interfone, e ela, automaticamente, liberava o acesso. Naquele dia 27 de março de 2018, Thainá começou o seu dia como sempre, chegou à imobiliária e ficou à espera dos outros funcionários. Entretanto, a segunda pessoa a entrar foi Evandro. Diante do susto da jovem, ele disse que aquele era seu último recurso, uma vez que tinha sido bloqueado e que ela se recusava a encontrá-lo para conversar. Thainá se recusou, insistiu que ele precisava respeitar o local de trabalho dela. Tentou abrir a porta para que ele fosse embora, mas ele bloqueou o caminho. Na discussão, a cafeteira que Thainá tinha ligado apitou e esta correu para desligá-la. Quando voltou, viu o ex indo embora levando o celular dela. Thainá correu atrás dele, gritando para que lhe devolvesse o aparelho. Já na rua, na moto em que tinha chegado e pronto para partir, Evandro elevou a voz e disse que ia quebrar "aquela bosta" porque o aparelho não servia para mais nada, uma vez que ela não o atendia. Era a primeira vez que ele usava uma palavra levemente mais agressiva com ela. Desse momento em diante, a violência escalou de um modo muito rápido e absurdo.

Thainá conseguiu arrancar o celular dele e se virou para voltar à imobiliária. Quando já estava na metade do caminho até a porta, pensando que iria se trancar lá dentro e se livrar da discussão, viu pelo vidro o reflexo de Evandro, que vinha atrás dela de capacete e com o que parecia ser uma faca em uma das mãos. Tudo o que aconteceu em seguida foi documentado pelas câmeras de segurança da loja. As imagens mostram que Thainá tenta se virar para trás quando leva a primeira facada nas costas.

A reação imediata de Thainá foi correr para dentro da imobiliária. Lá, levou mais quatro facadas — uma na lateral do corpo, que atingiu o pulmão, outra na mesma altura do lado esquerdo, mais uma na barriga e a última no ombro. As imagens mostram que Thainá tentou se defender como pôde. Ela chegou a cair de joelhos, mas teve forças para se levantar. Após receber o último golpe, conseguiu bater no braço do agressor, e a faca escapou da mão dele. Evandro, então, saiu pela porta. Assim que ele lhe deu as costas, Thainá foi em direção a um aparelho de telefone fixo para pedir ajuda, mas teve de passar diante da entrada do escritório, de forma que Evandro viu seus movimentos e voltou para mais agressões. Sem a faca, deu um soco e dois chutes em Thainá, que por fim caiu no chão. Seguiram-se mais golpes. Ela teve cinco costelas quebradas por pontapés. O agressor, mais uma vez, deixou a sala por um momento, talvez pensando em ir embora. Foi quando Thainá conseguiu ir até o telefone. Ela chegou a discar um primeiro número, mas Evandro voltou, pegou um notebook de cima de uma mesa e a acertou na cabeça. A última e desesperadora imagem registrada pelas câmeras mostra o agressor indo finalmente embora enquanto Thainá, ensanguentada, agarrada ao telefone, já sem forças, se escora na parede e depois vai caindo, até desmaiar.

Pelo horário marcado nas imagens das câmeras, podemos ver que tudo levou cerca de dois minutos, porém, para Thainá, aquilo durou uma eternidade. Ela se lembra de ter sentido a dor da primeira facada. Nas outras, a descarga de adrenalina foi tão grande que ela via o golpe, mas não sentia dor. Esse mecanismo, chamado de analgesia, é uma defesa do corpo em momentos de tensão extrema, quando os neurotransmissores bloqueiam a sensação de dor para que a pessoa priorize escapar da situação de perigo. Thainá voltou a sentir alguma dor ao receber os chutes nas costas, mas nada que a impedisse de lutar para sobreviver. Tudo que conseguia pensar era em como pedir socorro.

A vida escapava a cada segundo. Thainá foi salva pela irmã da dona da imobiliária, que morava ao lado, ouviu gritos e foi checar o que era — achou até que era Thainá dando bronca em algum colega implicante do trabalho. Quando viu a moça, naquela altura já desmaiada em meio a uma poça de sangue, foi correndo para rua pedir ajuda, gritando que a funcionária tinha sido baleada. Começou a gesticular para quem passava na rua, um motorista parou, e ela pediu que chamasse os bombeiros, cujo quartel ficava a três quarteirões dali. Os bombeiros chegaram em minutos, tentaram medir a pulsação da jovem e não encontraram nenhum sinal de vida. Disseram que Thainá já estava morta e que não poderiam mexer no corpo para não atrapalhar a perícia. Simone, o anjo da guarda que chamou o socorro, fez um escândalo salvador. Pediu pelo amor de Deus que levassem Thainá para o hospital, insistiu, gritou, começou a arrastar a jovem até a rua e ameaçou denunciar os bombeiros por omissão de socorro. Tanto fez que Thainá foi colocada em uma ambulância que saiu a toda pelas ruas de Barretos.

Os colegas de trabalho começaram a chegar à imobiliária logo em seguida. Antes de partir, os bombeiros esclareceram que Thainá não havia sido baleada, e, sim, esfaqueada, e o consenso imediato entre os funcionários foi de que ela havia sido vítima de algum ladrão. Mas Mateus, que acompanhou todo o assédio que ela andava sofrendo, teve um estalo e cravou: "Não foi assalto. Tenho certeza de que foi o ex-namorado dela". Ele decidiu então olhar as imagens das câmeras de segurança e, na hora, reconheceu Evandro. O agressor estava de capacete, mas Mateus não teve dúvidas de que era ele. Para confirmar, voltou ainda um pouco o filme e achou o momento em que Evandro tinha entrado no escritório segurando o capacete, com o rosto à mostra. Mateus passou as imagens para a polícia, além das fotos do agressor, que retirou do Facebook. Começou a caçada.

Evandro conseguiu se esconder, mas não por muito tempo. Logo depois do crime, fugiu, com a roupa do corpo, para a casa do pai que o havia abandonado na infância e vivia em Franca, a pouco mais de 140 quilômetros de São Paulo. Sem nunca mais ter visto o filho, talvez por culpa, o homem resolveu ser conivente. Evandro, contudo, ficou apenas uma semana em Franca. Ele fugiu de moto quando viu a polícia se aproximar da casa do pai. Deixou para trás o capacete e um casaco, devidamente apreendidos como provas. Dali, foi para a cidade de Frutal, em Minas Gerais, dessa vez para a casa de um parente. A polícia conseguiu seguir seu rastro, e vizinhos reconheceram Evandro e até mesmo a moto dele. Apesar de terem afirmado que o tinham visto por ali, Evandro não foi encontrado.

Em paralelo à busca, Thainá lutava pela vida no hospital. Os pais foram avisados de que a chance de sobrevivência dela era de 1%. Os pulmões, o estômago e o fígado foram perfurados. Ela passou por uma cirurgia delicada e, felizmente, bem-sucedida. Depois, passou um longo tempo sendo medicada e fazendo fisioterapia respiratória. Os médicos achavam que ela ficaria com sequelas da perfuração dos pulmões e que teria dificuldades para respirar, mas o tratamento funcionou.

Depois de recuperada, Thainá focou a captura de seu algoz. Tinha certeza de que, sem dinheiro, Evandro voltaria para a casa. A polícia, por sua vez, acreditava que ele jamais faria isso. Contudo, Thainá confiava na própria intuição. Os pais dela contrataram um policial conhecido da família para acompanhá-la quando saía de casa, por medo de que o agressor pudesse aparecer. Thainá, então, pediu a esse agente que ficasse de olho na residência de Evandro, que ficava ao lado da casa da irmã dele. Após dias de tocaia, o policial viu Evandro chegar em casa de carro com a irmã. Foi preso na hora, depois de três meses foragido.

Logo após a prisão, houve uma audiência à qual Thainá tinha até a opção de não ir, mas fez questão de comparecer e ficar frente a frente com o homem que tentou matá-la. Queria tentar entender o motivo, como ele teve coragem de fazer aquilo, como se transformou naquele quase assassino. Primeiro, ela prestou depoimento sozinha, até que a juíza disse que iria chamar Evandro e perguntou se Thainá estava preparada. A jovem garantiu que estava, mas ficou abalada quando ouviu o arrastar de correntes se aproximando da sala. Evandro estava algemado pelas mãos e pelos pés. Chegou cercado por policiais e ficou o tempo todo de cabeça baixa. Diante do irrefutável, confessou o crime, mas afirmou que estava sob efeito de álcool e remédios controlados e que não se lembrava do que tinha feito. Seu advogado ainda tentou a velha estratégia de culpar a vítima e perguntou a Thainá se a moça tinha traído Evandro. Como se isso fosse justificativa. Nessa hora, Thainá se exaltou, lembrou que eles só namoraram por quinze dias e perguntou diretamente para Evandro: "Teve traição? Responde!".

Apesar dos protestos do advogado do réu, que insistia que ele não estava em condições de responder, Evandro demonstrou o mínimo de caráter e disse que não houve traição, que ele, de fato, havia perdido a cabeça e não sabia explicar o motivo pelo qual cometera um ato tão atroz.

Evandro foi a júri popular ainda em 2018. Foi condenado a dezesseis anos de prisão em regime fechado. Quando conversei com Thainá, Evandro já estava preso havia três anos e, como réu primário e com bom comportamento, tentava a progressão para o regime semiaberto.

A história de Thainá derruba muitos dos clichês sobre violência doméstica, como:

- "Mas por que ela continuou num relacionamento violento?": Thainá saiu logo ao primeiro sinal de violência e não deu mais nenhuma chance ao ex-namorado. Não voltou atrás em nenhum momento.
- "Ah, mas é nisso que dá se envolver com qualquer um": Thainá conhecia o agressor havia anos. Ele era um amigo de toda a família.

Os dois frequentavam o mesmo círculo social e chegaram a ter uma amizade próxima antes de começarem a namorar.
- "Mas ela deveria ter tido mais cuidado. Não percebeu que ele era agressivo?": Evandro nunca havia partido para a agressão verbal ou física, e, diante da perseguição, Thainá jamais aceitou se encontrar com ele, nem mesmo em público.

Todos esses questionamentos não fazem o menor sentido e têm a intenção de transferir a culpa para a vítima, como acontece tantas vezes em casos de violência contra a mulher. É importante ressaltar que a história de Thainá escancara o óbvio: a culpa não é da vítima.

Quando estava no hospital, Thainá pensou que jamais voltaria a se relacionar com alguém. Se uma pessoa que fazia parte de sua intimidade havia dez anos tinha feito aquilo com ela, como confiar em um desconhecido? Mas, um ano depois, ela conheceu outro rapaz e, após um ano de namoro, casou-se. Nossa conversa foi num intervalo entre os cuidados com a filhinha, então com seis meses. Ela conseguiu conciliar a maternidade com os estudos e estava a quatro meses de se formar em direito. Experimentou um pouco do sonho de criança de ser delegada ao fazer um estágio na Delegacia da Mulher. Lá, atendeu muitas vítimas de violência doméstica e, na cidade pequena, ouviu de muitas delas: "Você não é aquela moça que levou as facadas?". E, depois de alguma conversa: "Você não tem medo de quando ele sair da cadeia?".

Muitas mulheres que chegam à Delegacia da Mulher ainda estão em dúvida sobre registrar a queixa ou não. Há aquelas que vão lá quase que só para desabafar. São vítimas que sofrem com a dependência financeira e emocional, com ameaças. A segunda pergunta para Thainá reflete o sentimento delas próprias: o medo do que pode acontecer se elas denunciarem o agressor.

Fiz a mesma pergunta, e a resposta de Thainá é não. Ela não tem medo. Confesso que me espantei. No lugar dela, eu estaria apavorada. Ainda mais com os boatos que circulam pela cidade, de que a irmã de Evandro foi visitá-lo e ele teria dito que pretende matar Thainá quando sair da cadeia porque, afinal, ela seguiu adiante com a vida e ele está preso. A ameaça tanto pode ser verdadeira quanto pode ser mais um produto do inconsciente coletivo, que acha que a mulher sempre tem que pagar pela agressão que ela própria sofreu.

Admiro muito a coragem de Thainá, entretanto, não é a gente que tem que ter coragem, ainda mais nesse nível. É a covardia que tem que acabar.

4
E SE FOSSE EU?

VIVIANE COMEÇOU A SE dar conta de que vivia um casamento abusivo quando se viu de joelhos no banheiro catando fios de cabelo pelo chão para evitar que o marido ficasse aborrecido quando chegasse em casa. Nada disso era raro — nem os fios de cabelo espalhados, em uma casa onde moravam ainda três filhas pequenas, nem o marido ficar aborrecido. Uma fumaça da cozinha que chegasse até a sala, um cheiro de fritura, uma comida de que ele não gostasse, um problema com alguma roupa, fatos corriqueiros, poderiam levar Paulo José a gritar, bater portas e quebrar louças na parede. Nessas horas, as filhas corriam para se trancar no quarto e fingiam que estavam dormindo.

A família de Viviane acompanhava com preocupação os sinais de um relacionamento tóxico. O marido parecia estar sempre contrariado nos eventos familiares, mal conversava, saía andando na frente de Viviane e fazia piadas depreciativas sobre a aparência dela. Viviane aparentava desconforto, mas apenas sorria e procurava justificar o comportamento do marido. Certa vez, durante um churrasco, o irmão presenciou Viviane nervosa tentando de todas as formas agradar o marido emburrado, arrumando o prato dele. O irmão decidiu confrontá-la. Perguntou a Viviane o motivo daquela subserviência incompreensível, ainda mais a alguém que destratava toda a família. Disse que não a estava reconhecendo e queria saber o que poderia fazer para ajudar. Viviane, no entanto, continuou na defensiva e disse que estava tudo bem. O marido, Paulo José Arronenzi, era engenheiro, mas nos últimos seis anos não trabalhava e costumava passar os dias na praia, jogando *beach tennis*. Dizia que vivia da renda de aplicações financeiras, mas a família de Viviane sabia que era ela quem pagava o aluguel e a escola das filhas e suspeitava de que ela bancava todas as demais despesas da casa. No entanto, quem controlava o dinheiro era Paulo José, que tinha as senhas dos cartões, fazia a declaração de Imposto de Renda de Viviane e até decidia que carro ela iria comprar. Os melhores momentos do casal eram durante as viagens de férias, embora, em uma delas, para a Itália, ele tenha decidido de repente voltar antes do planejado, deixando para trás a mulher e as filhas. A mãe de Viviane conta que, aos poucos, viu a filha perder a alegria, ser apagada.

Até então, Paulo nunca havia agredido Viviane fisicamente. Ela sofria com outro tipo de violência, bem mais difícil de identificar. A violência psicológica também é prevista na Lei Maria da Penha e definida como qualquer conduta que cause dano emocional e diminuição da autoestima, ameaça, constrangimento, humilhação, perseguição ou ridicularização. Aí entram as ofensas, ainda que proferidas em tom de brincadeira, os gritos, os objetos quebrados, os socos na parede. Quantas de nós já não toleramos um ou mais comportamentos desse tipo e achamos que era algo normal, apenas uma chateação ou um momento de descontrole do parceiro? Muitas mulheres pensam que não foram agredidas porque o companheiro "apenas" deu um soco em um móvel, mas aquilo que assusta, que dá medo, que humilha e envergonha também é uma violência. E é preciso dar o nome certo para que seja reconhecida.

É difícil imaginar que a história de Viviane pudesse seguir esse caminho. As estatísticas nos dizem que mulheres negras e pardas são as maiores vítimas de violência doméstica. Na pesquisa *Visível e Invisível*, do FBSP, que ouviu mais de 2 mil pessoas em 126 cidades brasileiras no inicio de 2023, 37% das mulheres brancas disseram já ter sofrido algum tipo de violência por parte de namorado, marido, parceiro ou ex-parceiro. O índice, já absurdo, sobe para 45% quando se trata de mulheres negras e pardas. A violência também atinge mais as mulheres mais pobres: 31% das que têm renda familiar de até dois salários mínimos relataram episódios de agressão — contra 22% entre as que têm renda acima de dez salários.

A pesquisa também faz um recorte sobre o nível de escolaridade. Entre as que têm apenas o ensino fundamental completo, 49% já passaram por algum episódio de violência em um relacionamento íntimo. O índice cai para 43% entre as que têm ensino superior.

O perfil de Viviane não se enquadra em nenhuma dessas maiorias e foge a todos os clichês que temos sobre quem são as vítimas da violência doméstica e em que casas e famílias ela ocorre. Branca, de classe média alta e formada em direito, Viviane Vieira do Amaral era juíza da 24ª Vara Cível do Tribunal de Justiça do Rio de Janeiro. Um dos pontos que chocam nessa história é exatamente ver como a violência doméstica pode atingir todas, até mesmo uma mulher com acesso à informação, independente financeiramente, com alto nível de escolaridade e que sempre recebeu o apoio da família. E é nesse ponto que percebo que tenho o mesmo perfil: também cursei faculdade, sou independente economicamente, sou mãe e tenho uma carreira profissional bem-sucedida. As filhas de Viviane frequentavam uma das melhores escolas particulares da zona sul do Rio de Janeiro, assim como minha filha. Nós duas vivíamos na mesma bolha da sociedade. Poderíamos ter nos encontrado, talvez até tenhamos. Poderíamos ter sido amigas. Tínhamos quase a mesma idade. Sou só três anos mais velha. Poderia ser eu no lugar dela. Posso até achar que tenho outra personalidade, que jamais admitiria as grosserias ou um relacionamento que me deixasse em estado permanente de tensão. No entanto, quem está dentro do relacionamento muitas vezes não enxerga o mal que está lhe causando e acha que está conseguindo lidar com a situação. A certeza de quem acha que não passaria por isso é incorreta e fácil quando se olha de fora — ainda mais depois de saber de tudo que aconteceu com Viviane.

O desfecho dessa história se transformou em uma trágica notícia que tomou conta das manchetes de todos os veículos de imprensa do país em uma véspera de Natal. Poucos meses antes, Viviane havia decidido finalmente se separar. A gota d'água para o pedido de divórcio foi quando Paulo José jogou um copo de vidro na parede e um caco fez um corte na perna de uma das filhas. Prevendo que a separação não seria fácil, Viviane tirou as meninas da casa onde a família vivia, localizada no bairro da Gávea, no Rio de Janeiro, e as levou para a casa da mãe dela, em Niterói, na Região Metropolitana.

Quando voltou para a Gávea, teve a conversa definitiva. Transtornado, Paulo foi até o prédio da então sogra decidido a pegar as filhas — a mais velha tinha então nove anos e as outras meninas, que são gêmeas, estavam com sete. Viviane foi atrás dele para impedir que Paulo levasse as crianças. O porteiro não permitiu que ele entrasse no elevador. Paulo então subiu pelas escadas e chegou quase ao mesmo tempo que Viviane. Ele empurrou a mulher e ainda chutou a porta do apartamento. Sem conseguir entrar e depois de muita gritaria, acabou indo embora, mas não por muito tempo. Fez todo o trajeto de volta ao apartamento da família na Gávea e encheu o carro de roupas e objetos das filhas. Depois, retornou ao prédio em Niterói e começou a jogar tudo na calçada e por cima da grade, aos gritos, chamando pela filha mais velha e ameaçando os parentes de Viviane. O irmão dela gravou imagens do escândalo. Nesse dia, Viviane registrou a primeira queixa de agressão na delegacia. Por ser juíza, pediu a proteção policial a que tinha direito, e um carro da Polícia Militar ficou naquela noite na porta do edifício em Niterói.

 O irmão de Viviane conta que, a partir daí, a vida de todos virou um inferno. Viviane decidiu ficar na casa da mãe com as filhas e entregar o apartamento alugado no nome dela na Gávea. Ao fazer a devolução, encontrou móveis destruídos e maçanetas e portas quebradas. Até o cano de gás da geladeira foi furado, e ela teve que arcar com o prejuízo. Paulo José também telefonava constantemente para Viviane, inclusive de madrugada, e exigia compensação financeira. Cobrava até o que tinha pagado pelo álbum de casamento de onze anos atrás e valores de presentes que tinha dado à esposa. Apesar da história que espalhava aos quatro ventos de que vivia de aplicações financeiras, na hora da separação, alegou que não tinha fonte de renda. Para não alongar o processo e ficar com a guarda das filhas, na esperança de ter paz, Viviane transferiu 640 mil reais das economias que tinha, sonhando com a compra de um apartamento, para a conta de Paulo José, dinheiro que ela juntou em boa parte acumulando plantões no Judiciário enquanto o marido estava sempre mantendo o bronzeado na praia. Em setembro de 2020, a separação foi oficializada. Viviane tinha, então, 45 anos.

 Como juíza, ela continuou com a escolta policial fornecida pelo Tribunal de Justiça, mas, aos poucos, parecia que Paulo José se acalmava. Em uma ocasião, ao ir buscar as crianças em um dia de visitação, levou picolé para os policiais que faziam a segurança da ex-mulher. A melhor amiga de Viviane conta que começou a achar que ela estava melhor, animada porque Paulo tinha arrumado uma suposta namorada no *beach tennis* e até a havia apresentado às filhas. Em uma das últimas conversas que ambas tiveram, riram juntas com o sentimento de que, a partir dali, tudo iria dar certo. O fim do ano se aproximava, e Viviane se sentiu segura para abrir mão da escolta.

Naquele Natal, Paulo José insistiu para passar a noite do dia 24 com as filhas. Parecia mesmo que era só para estragar a ceia da família da ex-mulher, que sempre se reuniu nessa data, mas ela aceitou para não gerar mais desavenças. Ele disse que iria com as filhas para a casa de amigos e, depois de mudar por várias vezes o ponto de encontro onde Viviane deveria entregar as meninas, marcou numa rua de pouco movimento na Barra da Tijuca. Era perto da casa dos tais amigos. Fazia todo o sentido. No fim da tarde, Viviane estacionou o carro no local combinado e as filhas desceram para encontrar o pai. Viviane também desceu, provavelmente para se despedir das filhas ou ser amistosa com o ex-marido. A filha mais velha levava nas mãos um presente de Natal e foi entregá-lo para o pai. Ele disse que não queria nenhum presente, passou pelas meninas e partiu para cima de Viviane.

Um casal que estava em um restaurante quase em frente ouviu os gritos das crianças. A mulher percebeu que era uma agressão e ligou a câmera do telefone celular para registrar o que estava acontecendo, mas era ainda pior do que ela imaginava. Paulo José estava esfaqueando Viviane seguidas vezes enquanto ela tentava se defender e as filhas em desespero puxavam o braço do pai e imploravam para que ele parasse. A testemunha começou a gritar por socorro. Em dado momento, Viviane caiu de joelhos. Paulo interrompeu os golpes por alguns segundos, mas depois voltou a atacá-la. Nesse momento, um motorista de aplicativo que passava por ali viu a cena e dirigiu às pressas até uma cabine da Guarda Municipal para pedir ajuda. Paulo José só parou depois de dar dezesseis facadas que deixaram Viviane agonizando, caída no chão. Ele, então, se afastou e ficou sentado a alguns metros no meio-fio, apático, e já sem a arma do crime, que só foi encontrada mais tarde, jogada dentro do carro de Viviane. Com o agressor desarmado, os donos do restaurante em frente se aproximaram e pediram à mulher que registrou as cenas para tirar as meninas rapidamente dali e ir com elas até o estabelecimento enquanto aguardavam a chegada da ambulância e da polícia. Os guardas municipais chegaram antes, encontraram Paulo José ainda ali, no meio-fio, e deram imediatamente voz de prisão. Os socorristas encontraram Viviane já morta.

    Todas essas informações vieram dos depoimentos prestados no julgamento de Paulo José, que aconteceu quase dois anos depois do crime. Foram seis horas só de oitivas — e com detalhes de cortar o coração. O motorista de aplicativo contou que, quando voltou levando os guardas municipais, ainda encontrou Viviane viva, tentando falar, enquanto ele pedia para ela se acalmar e esperar pelo socorro. Começou a chover, e ele abriu o guarda-chuva sobre ela. A testemunha que levou as crianças disse que elas alternavam momentos de paralisia e desespero e perguntavam se podiam ir para o hospital passar o Natal com a mãe. Uma delas dizia: "A mamãe está fingindo que morreu para o papai parar". O guarda municipal que deu voz de prisão disse que Paulo José, em nenhum momento, perguntou pelas filhas. A avó das meninas, Sara Vieira do Amaral, contou que recebeu um telefonema desesperado da neta mais velha, que lhe deu a notícia sobre o acontecera a sua filha: "O papai furou a mamãe. Tem muito sangue". Sara custou a compreender o que estava ouvindo. Em seguida, ligou para o filho. Vinicius Vieira do Amaral correu para o local do crime e enfrentou a dor de levantar um plástico preto e encontrar a irmã ferida e sem vida, em meio a uma poça de sangue. Para todos, um sofrimento e um trauma difíceis de imaginar.

    No dia seguinte, era Natal — e o crime estava nos noticiários de todo o Brasil. Eu fui uma das jornalistas a dar a triste notícia, entre as principais manchetes do *Jornal nacional*. Praticamente toda a imprensa estampou a mesma foto de Viviane, em que ela aparece usando uma elegante blusa branca, óculos escuros, cabelo preso e um sorriso aberto em frente a uma paisagem de montanhas, provavelmente em alguma viagem. E todas as reportagens repetiram que o motivo do crime era que Paulo José não aceitava o fim do relacionamento. É uma motivação que surge a todo momento nos casos de feminicídio. A separação — ou o pedido de separação — é um momento de alto risco para o aumento da violência doméstica e para o assassinato.

    O Ministério Público de São Paulo fez um raio X do feminicídio no Estado, analisando 364 denúncias oferecidas pelo MP entre 2016 e 2017. Em

45% dos casos, quase metade, a motivação era uma separação recente ou um pedido de rompimento. A pesquisa *Visível e Invisível*, já citada aqui, mostra que 41,3% das mulheres separadas ou divorciadas relataram episódios de violência, contra 37% das solteiras, 17% das casadas e 24,6% das viúvas. Pela pesquisa, os episódios de agressão, que são em média quatro em um ano, saltam para nove entre as divorciadas ou separadas. Os dados refletem a violência como um meio usado por homens para tentar voltar a ter controle sobre aquela mulher, uma maneira de dizer não a uma vida sem ele, onde ele não pode mais determinar nada.

O julgamento de Paulo José Arronenzi aconteceu em novembro de 2021. Sem poder negar o crime, a defesa partiu para uma estratégia recorrente para crimes do tipo e, nesse caso, único recurso possível: alegar insanidade temporária. Outro argumento para casos comprovados de feminicídio costumava ser a famigerada legítima defesa da honra, usada quando o assassino alegava que havia sido traído, como se o comportamento da mulher justificasse o próprio assassinato. Virava um julgamento não do autor, mas, sim, da vítima, como se um companheiro ou ex-companheiro tivesse o direito de decidir o fim da vida de uma mulher, como se fosse propriedade dele.

Esse argumento foi utilizado pela primeira vez no rumoroso julgamento de Raul Fernando do Amaral Street, conhecido como Doca, assassino da socialite mineira Ângela Diniz. O crime aconteceu em Búzios, em 1976. Os dois tinham um relacionamento tumultuado, marcado por brigas e ciúmes. Durante uma discussão, Ângela quis terminar. Doca, então, disparou quatro vezes no rosto dela e fugiu. No julgamento, que aconteceu em 1979, o prestigiado advogado Evandro Lins e Silva defendeu Doca, pintando a vítima como uma "mulher fatal", promíscua e capaz de levar qualquer homem à loucura, e o assassino foi retratado como um homem apaixonado, desesperado, que matou por amor. O argumento absurdo e antiético foi aceito pelos jurados, e a pena foi branda: dois anos, a que ele respondeu em liberdade. Foi praticamente uma absolvição. O movimento feminista, então, se mobilizou em torno do caso e lançou o slogan "Quem ama não mata". Depois de muitos protestos, houve um novo julgamento, em 1981, em que Doca foi condenado a quinze anos de prisão. Cumpriu apenas quatro deles em regime fechado. Depois, conseguiu progressão de regime para o semiaberto. Doca

Street morreu em 2020, de ataque cardíaco, aos 86 anos. Ângela tinha 32 quando foi barbaramente assassinada. Essa aberração da tese de legítima defesa da honra persistiu até agosto de 2023, quando o Supremo Tribunal Federal, por unanimidade, decidiu em caráter definitivo que esse argumento em casos de feminicídio é inconstitucional e não pode ser usado na Justiça nem mesmo na fase de investigação policial.

O argumento que restou para Paulo José não foi bem-sucedido. A defesa tentou a tese de que o crime foi resultado de um descontrole momentâneo causado por um problema psiquiátrico. Pelo Código Penal, a comprovação de alguma perturbação de saúde mental que tenha deixado o criminoso sem entender que estava cometendo um crime ou incapaz de agir de acordo com esse entendimento pode levar a pena a ser reduzida em um a dois terços. Três semanas depois da prisão, a defesa alegou que Paulo estava dizendo que queria se matar, o que levou a Justiça a determinar a internação dele no Hospital Penal Psiquiátrico Roberto Medeiros, onde ficou por quinze dias.

Três psiquiatras avaliaram Paulo José e não encontraram nenhum tipo de risco de suicídio. Atestaram que ele estava com pensamento normal em curso, fala organizada e coordenação e humor preservados e não falava em se matar. A conclusão foi a de que se tratava apenas de uma depressão leve — o que, aliás, não deve ser difícil de acontecer com quem vai para a cadeia. Paulo foi medicado e devolvido ao presídio. Diante do júri, o advogado também defendeu que não havia sido um crime premeditado, a despeito de Paulo ainda ter sido encontrado com outras três facas na mochila. A caminho do crime, o assassino teve o requinte de crueldade de mandar uma mensagem de WhatsApp para a ex-sogra, desejando feliz Natal para a família e completando com um emoji com a carinha de Papai Noel. No julgamento, além do histórico de violência contra Viviane, ainda foi descoberta uma queixa policial feita em 2007 por uma ex-namorada que denunciou estar sendo perseguida por Paulo exatamente porque ele não aceitava o fim do relacionamento. Ele chegou a riscar o carro dela.

Depois de ouvidas as testemunhas, o juiz passou a interrogar o réu. No entanto, ele apenas confessou o crime e disse que não falaria mais nada, seguindo a orientação da defesa.

Assisti às seis horas de depoimentos e me chamou atenção a obstinação do advogado de defesa, com suas interrupções constantes. A tática de tumultuar é comum e sempre me incomoda ver o que deveria ser uma busca por justiça, seja de qual lado for, se transformar num bate-boca em que argumentos valem menos do que embaralhar o debate.

Após mais de treze horas de julgamento, a sentença saiu às quatro horas da manhã. Os jurados acolheram a denúncia da promotoria de que aquele foi um assassinato motivado pelo inconformismo do acusado com o término do relacionamento, especialmente pelas consequências financeiras que lhe traria. Paulo José foi condenado por homicídio quintuplamente qualificado por motivo torpe, por ter sido cometido na presença de crianças, por uso de meio cruel e que dificultou a defesa da vítima, já que Viviane foi atacada de surpresa, e, por fim, por prática de feminicídio.

A lei do feminicídio, instituída em 9 março de 2015, altera o Código Penal e inclui no rol de crimes hediondos o assassinato de uma pessoa pela condição de esta ser do sexo feminino. Considera-se que há essas razões quando o crime envolve violência doméstica e familiar, além de menosprezo ou discriminação à condição da mulher. Enquanto a pena por homicídio simples varia de seis a vinte anos de prisão, a pena por feminicídio foi instituída inicialmente entre doze e trinta anos. Em 2024, aumentou ainda mais, passando para um mínimo de vinte anos e podendo chegar a até quarenta anos de prisão. E ainda pode ser acrescida de um terço ou até a metade se o crime for praticado durante a gestação da mulher, nos três primeiros meses após o parto, contra menores de quatorze anos, maiores de sessenta ou portadores de deficiência e na presença de ascendente ou descendente da vítima. Paulo José se enquadra no último caso, por ter matado Viviane na presença das três filhas. Na sentença, o juiz destacou que o réu demonstrou conduta arquitetada, fria e obstinada. O engenheiro foi condenado a 45 anos de prisão. Como já estava preso havia um ano e onze meses, o juiz determinou o cumprimento dos 43 anos restantes. A defesa entrou com recurso, mas foi negado. O Tribunal de Justiça apenas reduziu ligeiramente a pena para 44 anos e 3 meses por reconhecer a confissão do crime como um atenuante.

Desde que a lei do feminicídio foi criada, o número de registros desse tipo de crime aumenta a cada ano. É difícil saber até que ponto esse aumento representa mesmo um crescimento da violência contra a mulher ou se isso se deve a um maior entendimento da lei, com o consequente registro correto dos casos. De qualquer forma, os números são muito altos. Em 2022, 1.410 pessoas foram assassinadas apenas pelo fato de serem mulheres, segundo um levantamento do Monitor da Violência do portal de notícias *G1*, com base em dados oficiais dos 26 estados e do Distrito Federal. Isso dá um feminicídio a cada seis horas no país. O Anuário de Segurança Pública de 2023 mostra que, na maioria dos casos, em 73% dos feminicídios, o criminoso era um companheiro ou ex-companheiro. E o assassino, muitas vezes, tem filhos com a vítima, o que nos apresenta a mais um lado cruel desse crime. São crianças que perdem a mãe pelas mãos do pai. Na prática, perdem os dois.

As filhas de Viviane ainda passaram pelo sofrimento inimaginável de presenciar o assassinato da mãe, de ter tentado impedi-lo. A avó e o tio relataram no tribunal que as três ficaram com medo de sair de casa durante um bom tempo. Começaram a sair sempre agarradas em quem estivesse com elas. Uma vez viram uma bicicleta igual à do pai e entraram em pânico, achando que ele poderia aparecer. O trauma aparecia nas brincadeiras, quando elas se pintavam com caneta vermelha simulando cortes e desenhavam bonequinhos com sangue. Essas cenas são dolorosas, mas são um bom sinal. Segundo o psicólogo infantil Renato Caminha, especialista em violência doméstica e transtorno de estresse pós-traumático, quando crianças se expressam em desenhos é porque estão tentando digerir aquilo que as machuca. Falar e enfrentar o evento traumático, com auxílio de terapia, ajudam a elaborar e diminuir a intensidade dos sentimentos que vêm com a lembrança. As três têm acompanhamento terapêutico.

Os familiares fecharam um pacto em torno da criação e da felicidade das meninas. Decidiram não falar sobre o assassino, para que elas saibam que terão sempre o apoio da avó, dos tios e dos primos, qualquer que seja a decisão que elas venham a ter no futuro sobre o pai. Não escondem nada, mas também não falam mais do que for perguntado por elas. Procuram lembrar as histórias leves e engraçadas sobre Viviane. No 24 de dezembro do ano seguinte ao crime, fizeram uma viagem para celebrar o Natal, em um esforço para que o dia não seja lembrado como aquele em que a mãe morreu, e, sim, como uma data que Viviane adorava.

O foco está nas crianças, mas toda a família teve que se reestruturar. A avó conta que, antes, era a "Vovó Docinho", mas agora é a avó que educa. É recorrente que avós assumam os cuidados dos órfãos do feminicídio. Cuidados que vêm com uma enorme carga emocional, financeira e prática. Há os gastos, a mudança, a reorganização da rotina e o impedimento de viver o próprio luto para acolher quem está mais desamparado. A partir da taxa de fecundidade no Brasil, o FBSP chegou a uma estimativa de que, em 2021, 2.300 pessoas perderam a mãe para a violência de gênero.

Ao escrever este capítulo, não queria que a história de Viviane se resumisse ao crime bárbaro e covarde de que ela foi vítima. Tentei saber mais. Quem ela foi, do que gostava, que sonhos tinha. Falei por mensagem com seu irmão e recebi uma resposta carinhosa e totalmente compreensível de que ele e a mãe decidiram não dar entrevistas para preservar as meninas. Disse que a reconstrução da família é eterna e dolorida, e que o silêncio é um respeito à memória e aos princípios da irmã, que sempre foi muito discreta. O que pude saber sobre Viviane veio das testemunhas no julgamento e do que se pode ler nas entrelinhas dos depoimentos.

Viviane cresceu em uma família de classe média de Niterói. Estudou em um dos colégios mais tradicionais da cidade. Filha de pais separados, tinha o sonho de um casamento que fosse para sempre. Durante boa parte da infância, dividiu o quarto com o irmão, que se tornou seu amigo e confidente. Era católica praticante. Estudiosa, passou no concurso para juíza e exerceu a magistratura por quinze anos. Foi uma mãe dedicada, que procurava preservar as filhas e dar a elas todas as oportunidades que podia. Buscava sempre fazer o certo e tinha uma ética inflexível. Poupava as pessoas que a rodeavam de seus problemas pessoais. Evitava se queixar. Tinha o apelido de Pollyanna, numa alusão à protagonista de um livro muito lido por nossa geração, sobre uma menina que sempre via o lado bom de tudo e de todos.

No depoimento, a mãe de Viviane disse uma frase que me doeu especialmente. Não era sobre o crime bárbaro, nem sobre as netas, mas sobre a dinâmica que imperava no casamento da filha: "Nunca vi o Paulo dizer para Viviane uma única frase que fizesse uma mãe se sentir bem". Dona

Sara nunca viu a filha ouvir "Eu te amo" ou "Você está bonita". Tudo o que saía dos lábios de Paulo eram ofensas mal disfarçadas de brincadeiras. Era rotineiro ver a filha dar o melhor de si sem receber o amor que merecia, um amor que tinha da família desde criança. E sempre terá.

5

Conseguirei proteger meus filhos?

No vídeo gravado com um celular, o menino de dois anos aparece chorando e gritando com a mãe, com o jeito de falar típico da idade: "Você deu um pai errado. Eu quero outro pai. Pai que não bate em você". O desespero do filho é também o desespero da mãe, e é só uma das questões que Marina tem que administrar. Imagine ter que entregar o filho pequeno a um homem que você sabe que é violento? Imagine fazer isso enquanto seu filho implora para não ir? Como saber o que é melhor para a criança? Quando o filho também é agredido pelo pai, não há dúvidas de que é necessário o afastamento para a proteção da criança. No entanto, e quando o filho não é diretamente agredido? Vale insistir para que haja ali algum tipo de relacionamento? A tão necessária convivência com o pai pode trazer algum bom resultado nesse contexto? Ou é melhor que não haja contato com um homem capaz de agredir a própria mãe da criança, muitas vezes na frente dela?

Marina foi vítima de violência física, psicológica e sexual durante quatro anos de relacionamento. Conheceu seu agressor na academia de ginástica. Túlio é economista e nasceu em uma tradicional e conhecida família de classe alta do Rio de Janeiro que entrou em decadência financeira após o divórcio dos pais e de disputas em família. A primeira impressão era de um homem com uma criação sofisticada e extremamente gentil. Começaram a namorar em setembro de 2014. Cinco meses depois, Marina registrava a primeira queixa na polícia, depois de levar um empurrão durante uma crise de ciúme de Túlio.

Seguindo o já conhecido roteiro, depois da violência vinham o pedido de desculpas, a fase da lua de mel e então uma nova agressão. Vieram os gritos, os xingamentos e a perseguição constante, em que Túlio surgia sem aviso nos lugares que ela frequentava e, não raro, fazia escândalos. Marina chegou a mudar de academia algumas vezes por causa da vergonha.

Em fevereiro de 2016, veio o episódio mais grave. Marina estava envernizando um móvel em casa quando Túlio começou mais um dos ataques de ciúme e passou a quebrar o apartamento. Destruiu portas de armário, quebrou a televisão e o espelho do banheiro e, por fim, arremessou a lata de verniz na direção dela. Ela conseguiu desviar, mas a lata arrebentou na parede e Marina ficou coberta de verniz. Nesse momento, ao perceber o que tinha feito e se dizendo arrependido, Túlio saiu às pressas para comprar aguarrás para limpar o verniz, enquanto Marina esperava com os olhos fechados, com medo de ficar cega.

No entanto, as sequelas não foram físicas. Marina passou dois dias trancada no apartamento sem falar com ninguém. Não se lembra se comeu ou o quanto dormiu. Saiu do transe quando o porteiro bateu à porta, preocupado com o sumiço da moradora. Marina abriu e só se deu conta do tamanho da destruição quando viu o olhar de espanto do porteiro. Ela me mostrou as fotos que fez em seguida. O lugar estava todo revirado. Quando quebrou o espelho com um soco, Túlio se cortou e havia sangue dele no chão e nas cortinas. O verniz cobriu móveis e foi parar até no teto. Nos dias seguintes, Marina reagiu e começou a providenciar os consertos, mas os trabalhos seguiam lentos porque ela precisava sair para trabalhar e não tinha ninguém para receber o profissional contratado que ia ter que passar o dia recolhendo entulho, lixando o assoalho manchado pelo verniz, consertando o que podia ser reparado. Túlio começou a procurá-la e ofereceu ajuda. Marina acabou aceitando que ele ficasse no apartamento para ajudar — afinal, o namorado tinha causado todo aquele transtorno. Ele ia e levava flores, pedia milhões de desculpas. Como também é recorrente, Marina travava um debate consigo mesma. Um lado lhe dizia para fugir. O outro, para ser compreensiva, e que o comportamento de Túlio se devia a traumas antigos que ela precisava entender e ajudá-lo a superar. Por fim, Marina começou a aceitar que Túlio passasse a noite na sala, assistindo a filmes, enquanto ela dormia no quarto.

Tinha medo, mas não confiava no que sentia porque ele parecia outra pessoa, de fato arrependido. Foi quando ele começou a tentar ter relações sexuais. Quando não teve sucesso, decidiu forçar Marina. Ainda é muito difícil para mulheres e homens entenderem que sexo forçado é crime em qualquer contexto, mesmo dentro de um relacionamento. O consenso geral é de que se trata apenas de forçar um pouco a barra e está tudo bem. Nesse estupro, Marina ficou grávida.

Marina descreve como um sentimento de estar feliz e infeliz ao mesmo tempo. No momento em que se descobriu grávida, sentiu amor pelo bebê e desespero por estar para sempre vinculada a seu agressor. Queria ter o filho, mas lutava contra o sofrimento de ter engravidado em um estupro. Fragilizada, acabou aceitando o pedido de casamento de Túlio. Em parte, como ela era autônoma, casou para ter certa segurança financeira, com um plano de saúde para ela e o filho, mas também aceitou o pedido movida pela mesma esperança, sempre frustrada, de que as coisas iriam melhorar. No entanto, as coisas seguiram como sempre: ataques de fúria, gritos e socos nos móveis intercalados com pedidos de desculpas, flores e choro. Quando Marina estava com oito meses de gravidez, os vizinhos chegaram a chamar a polícia ao ouvir mais um escândalo de Túlio. Marina disse aos policiais que estava tudo bem, que tinha sido um destempero do marido, e a coisa ficou por isso mesmo.

Quando o filho nasceu, em 2017, ela ainda continuou no casamento. Parece que a violência doméstica faz abrir um alçapão que engole mulheres e transforma, mesmo as mais independentes, em pessoas com medo, confusas e incapazes de enxergar a saída. A separação só veio em junho de 2019, e a gota d'água foi quando ela sentiu um cheiro forte de maconha no cabelo e nas roupas do filho. Perceber algum risco direto para o filho é um ponto de inflexão para muitas vítimas, mas se livrar de um agressor não é nada fácil. Marina conta que começou a ser perseguida pelo agora ex-marido. Ele aparecia em lugares em que ela frequentava e fazia escândalo até mesmo na porta da natação do filho. No mesmo mês, ela conseguiu uma medida protetiva.

Apesar de proibido de se aproximar e de manter qualquer contato com Marina, Túlio mandava e-mails, alternando mensagens amorosas pedindo para reatar com ameaças e ofensas. No entanto, ela só registrou queixa pelo descumprimento da medida após um episódio em que Túlio apareceu na porta da escola do filho e entrou à força no carro de Marina quando ela se preparava para ir embora. Com medo do escândalo, ela dirigiu até mais à frente e pediu que ele saísse. Túlio se recusou, de forma que ela decidiu descer para pedir ajuda, mas foi agarrada pelo pescoço. Os dois entraram em luta corporal. Pelo descumprimento da medida, a Justiça determinou a prisão de Túlio, que ficou na cadeia pouco mais de dois meses.

É angustiante ver que uma mulher pode fazer tudo que está a seu alcance: separação, denúncia para a polícia, muitas vezes até mesmo para a imprensa, alertar o círculo familiar e social, conseguir uma medida protetiva e, ainda assim, ficar presa ao seu agressor. Especialmente quando se tem filhos. Afinal, mesmo homens condenados por violência doméstica continuam tendo os direitos de pai. E muitos usam isso para perseguir e causar ainda mais sofrimento à mulher. Túlio deixou a cadeia usando tornozeleira eletrônica e entrou na Justiça para acertar os termos da visita ao filho.

Assisti a duas das audiências para tratar da visitação, as duas feitas por videoconferência devido à pandemia de Covid-19. A primeira aconteceu logo depois de Túlio ter passado os 72 dias na cadeia. Marina pleiteou que os encontros entre pai e filho acontecessem em lugares públicos e fossem supervisionados por alguém da confiança dela. O pedido era embasado por um laudo psicológico que atestava que o menino tinha medo do pai. E, depois de toda a violência sofrida, Marina também tinha medo de entregar o filho e deixá-lo sem vigilância. Entretanto, o tempo todo, o crime de violência doméstica foi desconsiderado como um fato relevante tanto pela juíza quanto pela promotora. Quando a violência era mencionada, a resposta era que aquilo não interessava naquele momento. A juíza chegou a proferir a seguinte pérola: "Eu poderia não me dar bem com meu marido, nós brigarmos noite e dia, eu poderia apanhar, mas isso não o impediria de ser um excelente pai". Um homem que expõe o filho à violência, ainda que de forma indireta, pode ser um excelente pai? Segundo o psicólogo Renato Caminha, para haver algum benefício para a criança nesse convívio, seria necessária uma perícia para saber o nível de patologia do pai e se há riscos para a criança, assim como deveria existir controle e avaliação sistemáticos. No entanto, esse sistema praticamente não existe e não é incomum juízes ignorarem laudos psicológicos que atestam que a criança não deveria conviver com o pai.

Marina fala do comportamento agressivo do filho, que estava melhorando com acompanhamento psicológico, e diz que tem medo de que ele regrida ao se lembrar da violência. A juíza diz que o menino é quem tem que "esquecer, olhar para o outro lado", como se o direito do pai prevalecesse sobre as consequências da violência doméstica para a criança, como se a falta do pai fosse o maior dos prejuízos. Diante de inúmeras crianças que cresceram em famílias em que os pais deliberadamente foram embora — e aqui me incluo —, acredito que esse seja um dano menos grave que ver a mãe sendo espancada dentro de casa.

Essa desconexão entre a violência doméstica e a discussão sobre a guarda ou a visitação de filhos é exatamente o oposto do que está na Lei Maria da Penha. A legislação prevê a criação de varas híbridas, que tratariam tanto da parte criminal quanto da cível. Todas as questões entre agressor e vítima seriam resolvidas em um só lugar. Entretanto, para início de conversa, poucos juizados especializados foram de fato criados no Brasil, e os que existem estão sobrecarregados. Segundo um levantamento do CNJ divulgado em 2022, havia apenas 161 varas ou juizados de violência doméstica mal divididos pelo país — São Paulo, por exemplo, tem dezoito varas especializadas e Rio de Janeiro conta com onze, assim como a Paraíba, enquanto Santa Catarina e Sergipe têm apenas uma cada. Com isso, os juizados ou varas especiais acabam ficando apenas com a competência criminal e emergencial, como medidas protetivas ou fixação de alimentos provisórios, que é uma espécie de pensão mensal que o juiz determina que comece a ser paga imediatamente, mesmo sem a conclusão do processo. As outras demandas vão para as varas cíveis ou de direito de família e se transformam em outros processos. Em todo o país, apenas o Tribunal de Justiça de Mato Grosso implantou duas varas híbridas. Um projeto de lei de 2020 propôs que esse tipo de atendimento fosse obrigatório em todo o país. Apesar da boa intenção, o próprio CNJ, em nota técnica aprovada por unanimidade, foi contra o projeto por avaliar que a sobrecarga deixaria o atendimento ainda mais lento e as vítimas seriam prejudicadas em vez de ajudadas. O projeto está parado na Câmara.

Impressiona muito também ver como Marina, mãe e vítima, foi constantemente hostilizada, desacreditada, interrompida, tratada como se ela que estivesse ali em julgamento. Quando argumentou que tinha medo de que o ex-marido consumisse drogas na frente do filho, a promotora argumentou: "Mas a senhora ficou quatro anos com ele. Como a senhora permitia?". Como se o consumo de drogas dele fosse culpa dela. A juíza ainda deixou no ar que duvidava de que um usuário de drogas pudesse trabalhar, ignorando que há diferentes níveis de uso e que consumidores de drogas podem ser perfeitamente funcionais. Na audiência, Marina enfatizou que ali não existe relação entre marido e mulher, mas, sim, entre vítima e estuprador, ao que a juíza respondeu apenas que a situação dos dois era "confusa". Marina recebeu respostas e questionamentos ríspidos, enquanto nenhuma pergunta mais dura foi dirigida ao homem, o único entre os dois ali acusado de um crime violento. E, pelo jeito, não só um. Segundo a plataforma virtual Jusbrasil, que reúne informações sobre processos judiciais, Túlio foi acusado na Justiça, por outras pessoas, de delitos como lesão corporal leve e injúria racial. Apesar da ficha corrida dele, era com Marina que a promotora demonstrava uma nítida irritação. Chegou a interrompê-la, dizendo "Não quero saber do problema de vocês. A culpa é dos dois. Um foi permissivo e o outro fez o que fez", em uma distorção que iguala vítima e agressor. A juíza parecia apressada e entediada. As duas, juíza e promotora, em diferentes momentos, chegaram a atender ao telefone e fechar a câmera. A juíza fez isso enquanto Marina estava falando.

O que vi nessa audiência foi o mesmo que o CNJ encontrou durante a pesquisa *O Poder Judiciário no enfrentamento à violência doméstica e familiar contra as mulheres*, feita em parceria com o Instituto de Pesquisa Econômica Aplicada (Ipea). Os pesquisadores acompanharam casos de violência doméstica em tribunais de todas as regiões do país, entre cidades maiores e menores, com ou sem juizado especializado ou delegacia da mulher. Encontraram diferentes aplicações da Lei Maria da Penha e dividiram os juízes entre comprometidos, moderados ou resistentes, conforme o grau de entendimento da lei, decisões tomadas e tratamento dado às vítimas. Nas observações de audiência, viram várias vezes as vítimas sendo interrompidas e, em geral, de maneira ríspida. Juízes e promotores cobram relatos rápidos e objetivos, sem o mínimo de sensibilidade diante de mulheres amedrontadas e envergonhadas. Querem que elas contem os fatos da agressão sem remeter à relação com o agressor, como se o contexto não importasse, o que é praticamente impossível para elas. Muitas mulheres, pressionadas a falar depressa, acabam saindo sem conseguir dizer o que precisam. Em um caso, de uma mulher que prestou queixa por ter sido agredida dentro de um ônibus, a juíza desconfiou por não haver nenhuma testemunha. A vítima saiu sem conseguir explicar que só havia mesmo duas pessoas naquele momento no ônibus: ela, que era a cobradora, e o agressor, que era o motorista.

Os constrangimentos são os mais diversos. A vítima, às vezes, tem o nome anunciado em voz alta com a informação de que se trata de uma audiência relacionada à Lei Maria da Penha, e ainda encontra o acusado pelos corredores sem saber que tem o direito de não ficar na presença do agressor. Em um caso, em vez de o juiz informar isso, ele perguntou "Você tem problema em depor na frente do acusado?", como se a vítima fosse quem pudesse ser problemática ou não. Essas mulheres precisam relembrar passagens traumáticas de suas vidas e, como se isso não fosse suficiente, quase levam broncas para que falem mais alto e apressem seu relato. Os pesquisadores também viram momentos tensos de discussão entre o advogado do réu e a vítima desacompanhada sem que o juiz interrompesse ou tomasse qualquer providência. Também é comum ignorar o depoimento da vítima. Houve casos de juízes que ficaram no celular ou mesmo saíram da sala durante o relato, assim como vi acontecer com Marina. Em casos de violência, de qualquer tipo, é muito comum a vítima ter lapsos de memória e embaralhar lembranças, especialmente quando os episódios de agressão foram muitos. No entanto, quando isso acontece em um caso de violência doméstica, a mulher costuma ser duramente questionada, acusada de estar mudando o depoimento ou mentindo. É quase como se ela estivesse em julgamento e precisasse se defender. Um massacre.

Uma barreira significativa que a Justiça tem é quando as mulheres retomam o relacionamento com o agressor, o que é bem comum de acontecer. Especialmente as que vivem há mais tempo no ciclo das agressões domésticas tendem a naturalizar a violência e não se perceber na condição de vítimas. Quando o processo começa a andar, ficam com medo de prejudicar o ex-companheiro e abalar os filhos. O juiz, por mais que perceba que há necessidade, não pode obrigar uma mulher a seguir com uma medida protetiva. Nesses casos, ela precisa pessoalmente dizer que não quer seguir com a acusação. Muitas podem fazer isso porque estão sendo ameaçadas, o que não é fácil provar. Promotores e juízes podem tentar argumentar, mas a decisão é delas. Quando isso acontece, os juízes comprometidos se mostram preocupados com a segurança daquela mulher. Os juízes resistentes tendem a achar que a mulher que volta atrás agiu de má-fé e fez um uso indevido do Judiciário, prestando queixa apenas para dar um susto no agressor.

Do outro lado dessa balança, estão homens que não são olhados como os criminosos que são. Segundo uma chefe de cartório ouvida na pesquisa, esses homens são "pessoas normais", pais de família, não são iguais a traficantes: "Apesar do que aconteceu, eles continuam trabalhando, sendo boas pessoas". É um conceito estranho sobre o que é ser "uma boa pessoa". Trabalhar, além de ser pai, nem de longe significa que há ali um ser humano decente. E isso não é atenuante para nenhum tipo de crime. Lembro-me de Túlio na audiência. Um trabalhador, com fala calma, ponderado, bem-vestido, usando óculos. O agressor pode ter qualquer cara e qualquer perfil.

A violência doméstica também costuma ser tratada nos tribunais como um crime menor. Um juiz conta que já ouviu muitos réus dizerem que nunca foram acusados de nada, só de violência doméstica, como se não configurasse um crime. No entanto, essa diminuição e essa relativização não vêm só dos acusados. Há juízes e promotores que acham, inclusive, que "apenas" um tapa não é motivo para registrar queixa, quando tem que ser exatamente o contrário: qualquer tapa é crime e nenhuma mulher deve esperar pelo que vem depois. Outro equívoco comum é considerar a aplicação da Lei Maria da Penha unicamente em um contexto de relacionamentos longos e agressões repetidas, quando não há nada disso na lei. Mesmo um episódio isolado já pode ser enquadrado.

Em outra audiência acompanhada pela pesquisa do CNJ, uma mulher, que já havia sido agredida fisicamente, reatou o casamento, mas começou a sofrer agressões verbais e então fez uma nova queixa. Quando uma mulher não denuncia, há sempre uma condenação sobre ela. Porém, essa vítima, que fez a denúncia antes que a violência se agravasse, teve que ouvir do juiz que o desgaste no relacionamento não pode ser confundido com risco de morte, e ele aconselhou aos dois fazer terapia e frequentar o grupo de casais de alguma igreja. No histórico das agressões contra essa mulher, constavam socos, enforcamento e ameaça com faca.

Também é flagrante a tentativa de jogar a culpa nos ombros da vítima. Em uma audiência, o promotor perguntou para a mulher por qual motivo ela era agredida, como se a agressão fosse resultado de algo que ela tivesse feito. O advogado do agressor acusou a vítima de ter um caso extraconjugal — o que não é justificativa nem é crime. Violência doméstica que é. Diante desse argumento machista, o juiz até tentou reagir a favor da vítima, mas escorregou no próprio machismo ao dizer que "temos que ter cuidado com quem colocamos dentro de casa", como se o problema fosse a falta de cuidado da mulher. Um defensor público que atua, ou deveria atuar, em prol das vítimas disse com todas as letras que desencoraja as mulheres a seguirem com o processo porque podem prejudicar os filhos, como se a violência dentro de casa não fosse um prejuízo enorme para todos. Ele conta que diz para a mulher que, se pensar bem, ela vai ver que não quer que o filho tenha um pai presidiário. Isso é uma chantagem emocional descabida, ainda mais porque, na maioria dos casos, as sentenças são em regime aberto e duram poucos meses, especialmente no caso de réus primários. No regime aberto, o preso fica idealmente numa Casa do Albergado, mas pode sair de dia e só precisa se recolher à noite e nos fins de semana. Contudo, como o Brasil tem pouquíssimos estabelecimentos desse tipo, em geral a pena é cumprida na própria casa do réu, que fica sujeito apenas a restrições leves: apresentar-se ao juiz sempre que isso for solicitado e não sair sem autorização da comarca — a região delimitada onde um juiz ou tribunal exerce sua autoridade.

Na segunda audiência de Marina a que assisti, ainda sobre a visitação ao filho, ela conta que o ex-marido descumpriu a medida protetiva e se aproximou dela no local de trabalho. Ela, então, fez o que deve ser feito e o denunciou para a polícia. A promotora insinuou que Marina tinha feito a queixa com a única intenção de tentar reduzir as visitas do pai ao filho. Mais uma vez, sempre que os episódios de violência doméstica vinham à tona, era dito que o assunto ali não era relevante. Marina insistiu, e a juíza ameaçou: "Isso vai acabar caracterizando alienação parental".

Por essa lei, sancionada em 2010, pai, mãe ou mesmo avós podem ser acusados de alienação parental quando agem para impedir que a criança tenha contato ou crie vínculos com um dos genitores. Pode ser por meio de campanhas de desqualificação junto ao filho, mudança de moradia sem justificativa ou apresentação de denúncia falsa contra o genitor ou familiares dele para dificultar a convivência desses com a criança ou o adolescente. Nesses casos, a lei prevê multa ao alienador, aumento da convivência com o genitor que foi alienado e até a inversão da guarda em favor do pai ou da mãe vítimas da alienação. E é aqui que a lei tem virado uma arma apontada contra as mães que denunciam a violência doméstica.

Em 2017 e 2018, uma Comissão Parlamentar de Inquérito do Senado investigou irregularidades e crimes relacionados aos maus-tratos contra crianças e adolescentes no país. O relatório final propõe a revogação da Lei da Alienação Parental após encontrar inúmeros relatos de mau uso. A Comissão de Direitos Humanos da Organização das Nações Unidas, em uma declaração de 2022, também pede a revogação da lei, afirmando que o conceito de alienação não tem embasamento científico nem justificativa clínica e que a lei permite que pais acusados de violência doméstica e abusos usem o argumento nas disputas de custódia. Alerta, ainda, para as consequências devastadoras de mães que são silenciadas e não conseguem denunciar maus-tratos aos filhos. A acusação de alienação parental é uma carta usada tanto em discussões para barganhar valor de pensão quanto para a decisão sobre a guarda de filhos menores. Em casos graves, pais acusados de crimes contra os próprios filhos conseguiram a guarda deles após acusarem as mães de fazer alienação. Isso acontece especialmente nos casos de crimes sexuais, que são de difícil comprovação. Uma mãe que resolve denunciar quando percebe indícios de que o filho ou a filha estão sofrendo algum tipo de violência pode acabar tendo que entregar a criança para o agressor ao ser acusada de alienação parental.

Em 2023, o site *Intercept Brasil* publicou uma série de reportagens com casos em que a Justiça desacreditou a denúncia de mães, ignorou laudos psicológicos e médicos e não levou em conta depoimentos de crianças e adolescentes que apresentavam fortes indícios de violência física ou sexual. Nesse ponto, o principal argumento de juízes e promotores é que as mães poderiam implantar falsas memórias para induzir os filhos a acusar o pai de algum crime. No entanto, especialistas esclarecem que crianças não são capazes de fantasiar sobre o que não conhecem. Quando a criança relata, por exemplo, situações ligadas à violência sexual, é porque, de alguma forma, ela foi exposta a isso. A Lei da Alienação Parental, nesse ponto, vai inclusive na direção contrária a direitos assegurados pelo Estatuto da Criança e do Adolescente (ECA), que prevê que suspeitas de abusos e maus-tratos contra menores devem ser denunciadas, mesmo sem provas concretas, para que haja investigação — claro, com toda a possibilidade de defesa do acusado.

Um caso trágico e emblemático é a história de Lucas, de nove anos, e de sua irmã Mariah, de seis. A mãe, Jane Soares da Silva, denunciou o pai das crianças, Mario Eduardo Paulino, por violência psicológica e perseguição. Após um casamento marcado por ameaças, em que ele dizia que iria matar a mulher e cortá-la em pedaços, Jane se separou. Ela, porém, continuou sendo perseguida pelo ex. Na Justiça, Jane contou que vizinhos o viam rondando a casa e recomendavam que ela evitasse sair ou entrar sozinha. Relatou, ainda, que o ex-marido usava os filhos para espioná-la, que chegou a botar um rastreador no tablet de Mariah. Jane também apresentou fotos de quando ele picotou as roupas dos filhos. Mario, por sua vez, a acusou de alienação parental. Na guerra de versões, Jane sentiu que nada do que ela dizia era levado em conta. A juíza e a promotora do caso, no entanto, davam total credibilidade ao pai. E, assim, em uma audiência de conciliação, a Justiça deu ao pai o direito de buscar os filhos na escola todos os dias, almoçar ou jantar com eles uma vez na semana e ter os sábados, domingos e feriados alternados, sem nenhuma vigilância.

Em um Carnaval, as crianças deveriam voltar para a casa da mãe na segunda-feira. Sem conseguir entrar em contato por telefone, Jane pegou um ônibus para ir até a casa do ex-marido. No meio do caminho, recebeu uma mensagem da cunhada avisando que ela deveria esperar pelo pior. Em seguida, veio a mensagem dizendo que Lucas e o pai estavam mortos. Mariah ainda foi socorrida, mas faleceu no hospital. A perícia constatou que o pai deu bebida alcoólica para as crianças antes de atirar na cabeça dos dois. Em seguida, suicidou-se da mesma forma. O crime aconteceu em março de 2019. Em 2023, em outra forma de violência, Jane ainda lutava na Justiça para reaver uma pasta de desenhos feitos por Lucas que ficou com a família paterna.

A aplicação da Lei da Alienação Parental serve a um padrão sexista, segundo o qual as mulheres são vistas como pessoas vingativas, inconformadas com a separação, e que querem usar os filhos para atingir o pai. Quando uma mãe insiste que o pai é agressivo e perigoso, ela é em geral vista como alguém que quer apenas obstruir o exercício do direito paterno. A própria criação da lei pode ser questionada, uma vez que já existia, e ainda vigora, a Lei da Guarda Compartilhada, de 2002, que prevê tempo de convívio equilibrado entre o pai e a mãe e direitos iguais para dirigir a criação e a educação dos filhos e, quando não houver acordo entre os genitores, a Justiça aplica a guarda compartilhada, se considerar que os dois estão aptos a exercer o poder familiar. O juiz pode ainda decidir pela guarda unilateral se considerar que a criança não deve permanecer sob a guarda do pai ou da mãe. Ainda assim, aquele que ficar com a guarda precisa de autorização do outro para mudar de cidade e tem a obrigação de prestar informações sobre a criança. Ou seja, já havia lei para coibir abusos de qualquer um dos lados e por qualquer motivo, inclusive quando um dos genitores tenta afastar o filho do outro em prejuízo da criança. A Lei da Alienação Parental veio para radicalizar uma análise que precisa do oposto disso; precisa de calma, ponderação. A lei é uma ameaça para mães que querem legitimamente proteger os filhos.

Um informe da relatora especial da ONU Reem Alsalem entregue à Comissão de Direitos Humanos da instituição em 2023 destaca que o mau uso do conceito de alienação parental é um problema não só no Brasil e cita pesquisas baseadas em análises de processos de custódia em vários países. No Canadá, de 357 casos analisados, em 41,5% havia acusações de abuso contra menores e, em 76,8% desses, o suposto abusador alegou ser vítima de alienação parental. Nos Estados Unidos, quando há acusação de alienação parental, os homens conseguem a guarda em 44% dos casos e as mulheres, em pouco mais da metade: 28%. Também é citado um estudo que mostra que, no Brasil, as mulheres são acusadas de alienação em 66% dos casos, contra 17% de acusações contra homens. O relatório afirma que a alegação de alienação parental é uma tática útil a abusadores e agressores para continuar a praticar violência contra suas vítimas — as crianças e suas mães.

A triste conclusão é que as mulheres que denunciam violência contra si ou contra seus filhos, mulheres que deveriam ser ouvidas, acolhidas e ter suas denúncias apuradas e levadas em conta, são constantemente desacreditadas, julgadas e cerceadas em seus direitos. Falta à Justiça uma compreensão mais uniforme sobre o que significa ser vítima de violência doméstica, sobre as dificuldades em denunciar alguém com quem se tem uma relação íntima, sobre as idas e vindas, o medo de abalar toda a estrutura familiar, a impossibilidade de exibir provas concretas. A falta de humanidade cria um festival de desrespeito às mulheres. Elas são cobradas nas mínimas falhas, como se precisassem estar certas o tempo todo para serem reconhecidas como vítimas. Aliás, a coerência e a razão costumam ser abaladas no rastro da violência, e as mulheres agredidas perdem muitas das certezas que tinham. Mesmo os juízes que têm um maior entendimento da situação da vítima lutam para acompanhar a dinâmica das relações violentas, além de lidar com o excesso de processos e com a dificuldade em monitorar as medidas protetivas.

Marina, quatro anos após o divórcio, ainda seguia num atoleiro de audiências, papelada, novas queixas à polícia e reclamações à Ouvidoria do CNJ, que é o órgão encarregado de receber denúncias contra o próprio Judiciário. Sem se sentir amparada pelas instituições, luta como pode. Contratou um segurança particular para acompanhar o filho nas visitas supervisionadas. Ele tem ainda seis anos, e Marina se pergunta até quando ela é quem vai ser punida.

6

CRIMINOSO, EU?

Diversas pesquisas mostram que a maioria dos réus condenados por crimes violentos é do sexo masculino. E não falo só de feminicídios e violência doméstica. Assassinatos e agressões em geral são praticados majoritariamente por homens, e não só no Brasil. Um estudo do Escritório das Nações Unidas sobre Drogas e Crime, publicado em 2014, aponta que nada menos que 95% dos assassinos do mundo são homens.

Durante a pesquisa para este livro, como devem fazer os jornalistas, fui atrás de ouvir o outro lado. No entanto, encontrei muita resistência. Um dos agressores chegou a combinar dia e horário para a entrevista, depois desmarcou e, em seguida, pediu dinheiro para falar. Passou até os dados de sua conta bancária — que não foram solicitados. Por fim, ao receber a explicação de que, no jornalismo, não se paga por entrevistas, disse que então não autorizaria a citação de seu nome no livro e ameaçou com processo.

A maior parte dos acusados de agressão que tentei entrevistar se esquivou, principalmente quando o caso ainda está na Justiça, o que causa um temor de serem prejudicados. Mesmo nas negativas, porém, sempre vinha alguma declaração de que a acusação não era verdadeira ou que até era, mas havia um contexto em que a culpa seria da agredida.

É recorrente: agressores costumam mentir, negar e relativizar seus crimes. Entretanto, contra imagens, não há tantos argumentos. Em julho de 2021, vieram à tona vídeos mostrando o produtor musical Iverson de Souza

Araújo, o DJ Ivis, agredindo sua companheira, a influencer Pâmella Holanda. As cenas, exibidas até no *Jornal nacional*, mostram três momentos que parecem ter sido gravados em vários dias, já que os dois estão vestidos com diferentes roupas. Em um dos vídeos, Pâmella está na sala com a mãe e a filha recém-nascida em um carrinho de bebê. Ela parece tentar pegar a filha quando Ivis chega, dá tapas na cabeça dela e a puxa pelos cabelos. O carrinho quase vira. A mãe de Pâmella, então, pega a criança no colo. Ivis deixa o cômodo, mas depois volta e bate mais em Pâmella com a camiseta que estava vestindo antes. Em outro momento, os dois estão em pé em cima do sofá: ele a derruba e começa uma sequência de golpes violentos. São puxões de cabelo e socos; dói na gente assistir. Nessa cena está um amigo de Ivis, que assiste a tudo e ensaia interferir, mas acaba saindo da sala sem fazer nada. Na sequência, Pâmella consegue se levantar, empurra Ivis e revida com um tapa e um soco. Os golpes dela pegam de raspão. A jovem, então, se vira para deixar a sala, mas Ivis ainda a segue e lhe dá um tapa na cabeça, um soco na altura dos rins, puxa-a pelos cabelos e a derruba no chão. Outro vídeo, esse gravado no quarto da bebê, mostra Ivis agredindo Pâmella com empurrões e chutes, enquanto a filha fica sozinha em cima de uma cama que está ao lado do berço.

Em janeiro de 2023, a pesquisadora deste livro, Priscilla Monteiro, entrou em contato com um dos advogados do DJ Ivis solicitando uma entrevista. Explicou que eu havia entrevistado Pâmella e queria ouvir o que Ivis tinha a dizer. Depois de alguns dias de trocas de mensagens, o advogado disse que Ivis aceitaria falar, contanto que fossem garantidos "tempo e espaço suficientes para a versão dele". Respondemos que não havia como garantir nenhum espaço, que dependeria do que fosse dito na entrevista. O advogado diz que verificou meu primeiro livro, *Abuso: a cultura do estupro no Brasil*, e concluiu — vejam só — que eu priorizava fundamentalmente as questões das vítimas. Declarou que queria que a história contada por Ivis também ocupasse "o primeiro plano do livro". O único compromisso que assumimos foi publicar a versão dele, caso ele resolvesse falar. O advogado, então, retornou dizendo que poderíamos marcar a entrevista, mas teria que ser presencial. Em uma sexta-feira de março de 2023, eu e Priscilla embarcamos para Fortaleza.

O dia anterior à entrevista foi tenso. Pedi que a conversa se desse em algum lugar público, mas ele insistiu que fosse na casa dele, localizada em um condomínio localizado no município de Eusébio, na região metropolitana, a 24 quilômetros da capital. Achei melhor não menosprezar o que poderia vir de um homem visto em rede nacional espancando uma mulher e, na última hora, contratamos um motorista dublê de segurança para nos acompanhar.

Vou aqui cumprir meu compromisso de publicar a versão do agressor, e não será preciso muito espaço para isso. Foram duas horas de um quase monólogo em que Ivis repetia basicamente as mesmas informações: que Pâmella também o agredia, tinha crises de ciúmes e ameaçava se matar e matar também a filha. Quando eu tentava interromper com alguma pergunta e conseguir um relato mais objetivo e menos repetitivo, ele respondia com "Eu vou chegar lá, meu amor" ou "Tenha paciência, minha irmã", ignorando completamente o conceito de entrevista. Sobre os vídeos, sem ter como negar as agressões, as admitiu, mas tentou se justificar. Disse que só partiu para a violência ao ser "incitado à loucura", porque Pâmella mais uma vez estaria ameaçando se matar, no que me pareceu um jeito bem estranho de ajudar alguém que estivesse pensando em suicídio. Também apelou para o famoso "Quem me conhece sabe", argumento vazio porque, na realidade, nunca sabemos tudo o que se passa na cabeça das pessoas que conhecemos, e as aparências enganam.

Quando eu e Priscilla já estávamos indo embora, ele então nos chama de volta e mostra um novo vídeo que não foi divulgado. Nele, Ivis aparece entrando em casa com o mesmo amigo do material que havia aparecido na mídia. Os dois se sentam no sofá. Ivis aponta algo na tela do telefone celular para Pâmella e ela, então, sobe no sofá e começa a dar tapas nele, que se defende botando o braço na frente. Ivis sustenta que esse foi o começo da sequência divulgada de agressões que aconteceram na frente do amigo.

Perguntei ao advogado Felipe Maranhão, especializado em violência doméstica, se haveria algum atenuante para um homem agressor se ele também for agredido. A resposta é que, se a mulher tiver reagido a uma agressão, isso não muda em nada o caso. Se ela tiver iniciado as agressões, o homem pode, em casos de violência extrema por parte dela, alegar legítima defesa ou, em caso de violência menos grave, alegar que reagiu sob violenta emoção provocada por ato injusto da vítima, o que levaria a uma diminuição de um sexto da pena em caso de condenação. Ou seja, a alegação de legítima defesa pode amenizar a pena, mas não elimina o crime.

Pâmella alega que, nesse episódio, Ivis mostrou o telefone com uma foto dela nua, que ele teria mostrado ao amigo, e isso a teria motivado a bater nele. Pergunto ao advogado se a exposição de *nude*, por ser um crime em si, já poderia ser considerada o começo das agressões. Sim, poderia — e, nesse caso, os tapas seriam uma reação de Pâmella a uma violência prévia. Segundo Felipe Maranhão, ainda que isso não se comprove, mesmo que ela tenha iniciado uma agressão com tapas, segundo a lei, uma resposta com muitos socos, puxões de cabelo, chutes e golpes na cabeça e nas costas, sem nenhuma proporcionalidade, torna as primeiras agressões da mulher juridicamente irrelevantes.

Não é incomum que haja troca de agressões entre homens e mulheres em relações violentas, mas, até por terem geralmente menos força, as mulheres, quando são violentas, tendem mais a praticar agressões verbais e psicológicas, como gritos, xingamentos e humilhações. Agressões físicas raramente partem de mulheres e, quando isso acontece, costuma ser quando elas reagem, e o fato de uma vítima reagir não significa que os dois lados sejam equivalentes.

A entrevista com Pâmella trouxe outras informações além do que apareceu nas imagens. Em conversa por vídeo, ela me descreveu uma rotina de agressões físicas e psicológicas e de cárcere privado. Disse que, em algumas ocasiões, foi trancada pelo marido em casa, sem dinheiro ou cartões — nem mesmo os do plano de saúde. Conta que usou as câmeras para gravar as agressões que ocorriam pela casa porque, sempre depois dos episódios, ao ser confrontado, Ivis dizia que não se lembrava de ter batido nela.

Pâmella conta que recebia constantemente *prints* de conversas íntimas de Ivis com outras mulheres, que eram enviados pelas próprias ou por perfis desconhecidos no Instagram ou do WhatsApp. Uma vez, ao questioná-lo, ele ficou enfurecido e quebrou o celular dela. Esse talvez seja o único ponto em que os relatos coincidem. Ivis admitiu na entrevista que houve essa discussão e que, de fato, quebrou o telefone da esposa. Parece pouco perto de agressões físicas, mas pare para pensar no que você sentiria se alguém quebrasse um objeto seu com a intenção clara de atingir, intimidar, deixar claro que pode ser capaz de algo pior. Ivis declarou que foram as cobranças enciumadas de Pâmella sobre possíveis traições que o levaram a quebrar o telefone.

É flagrante a capacidade que um agressor tem de transferir a culpa para a vítima. Na Baixada Fluminense, região metropolitana do Rio de Janeiro, assisti a uma reunião de um grupo reflexivo para homens acusados de agressão. Esses grupos funcionam em alguns estados em parceria com os Tribunais de Justiça. Juízes podem encaminhar acusados de agressão para participar desses grupos como parte do cumprimento de medida protetiva ou mesmo como uma maneira de reduzir a pena, no caso de condenados. Nas reuniões, outros homens atuam como facilitadores conduzindo conversas sobre violência de gênero, em que os agressores são levados, como indica o nome, a refletir sobre suas ações, consequências e formas de enxergar a mulher e de se relacionar.

No entanto, esse é um processo lento. Na reunião a que assisti, a maioria ali parecia ainda não ter entendido os crimes cometidos. Quando o facilitador diz que a violência contra a mulher é crime, muitos reagem dizendo que não são criminosos. E aí começam as mil desculpas, alegações de inocência e tentativas de justificar o injustificável. Um deles disse que "só" puxou o cabelo da mulher para ela ir embora. Contra ele, havia dois boletins de ocorrência por agressão, incluindo acusações de tapas e socos no rosto. Ele diz que, na segunda vez, também estava apenas tentando conter a mulher e que ele é quem estava em uma situação de risco. Afirma que é injustiçado e que, de tudo que o acusam, é culpado de 1%, nas contas dele. Bem, 1% de um crime ainda é crime.

Depois de muito escutar homens que diziam não ter feito nada, pedi a palavra para perguntar se alguém ali naquele grupo admitia que tinha praticado o crime de violência doméstica. Apenas um levantou a mão. Reconheceu que agrediu a mulher e disse que errou, mas ainda tentou se justificar alegando que a mulher o ameaçou com uma faca. Pedi mais detalhes. A história completa revela que os dois iniciaram uma discussão para decidir quem ficaria em casa para cuidar do filho pequeno — ele queria sair para encontrar amigos e ela precisava ir trabalhar. Ele, então, a empurrou. Como ela caiu no sofá, ele acha que o empurrão não foi nada. Ela, então, foi até a cozinha, pegou uma faca e apontou para ele. O homem, um sujeito corpulento, com 1,81 m de altura, bem maior que a esposa, conta que conseguiu dominá-la, retirando a faca, e aí "perdeu a cabeça" e bateu na mulher. Pergunto se ele não acha que a esposa ficou com medo dele depois do empurrão e, por isso, pegou a faca para se defender, para evitar que ele voltasse a chegar perto dela. Ele responde com um lacônico "É, pode ser".

Entretanto, apesar da relutância e das muitas queixas iniciais, o facilitador daquela reunião, Paulo Conceição, consegue levantar a discussão sobre como homens são educados e socializados e como a violência é incentivada nas mais variadas situações. Ele ainda alerta sobre a dificuldade de muitos em perceber a violência doméstica como um crime e pondera que o cara do bem, que muitos acham que são e que são vistos como tal na rua ou no trabalho, pode ser o mesmo que dá medo na mulher e nos filhos dentro de casa. Um dos frequentadores do grupo, então, comenta que todos ali acham que não fizeram nada porque há uma naturalização da violência contra a mulher. Ele mesmo achava que não era nada tão errado. Outro admite que estava reproduzindo o modo de agir da maioria dos homens com quem conviveu. E assim muitos vão, aos poucos, enxergando os próprios erros e refletindo sobre a violência dentro dos relacionamentos.

As mudanças no comportamento dos agressores são a grande motivação de Paulo Conceição, que começou a atuar como facilitador em 2006, quando iniciou o estágio do curso de psicologia. Pai de duas meninas, ele acredita que os grupos reflexivos deveriam ser uma ferramenta usada como ação preventiva, incorporada ao processo de educação de meninos e homens para evitar que se tornem agressores. Após quase duas décadas na função, Paulo ressalta que o machismo rouba a humanidade não só das mulheres, mas também dos homens por transformá-los em monstros.

O psicólogo Tales Mistura, que há dez anos atua como facilitador em grupos reflexivos em São Paulo, me contou que geralmente há um ciclo ao longo dos dezesseis encontros semanais que ministra. Eles reúnem, no máximo, quinze homens em cada sessão. Os agressores chegam na defensiva e, depois, têm um momento de catarse em que falam mal da vítima, do Sistema Judiciário e das Leis. Passam, então, a se dizer injustiçados até que começam a fase de identificação com os outros homens ali e de acolhimento, onde desenvolvem um pensamento mais coletivo. Nesse contato com outros que passaram pelo mesmo tipo de situação, desmistificam a ideia de que agressores de mulheres são todos desempregados e alcoólatras. Muitos chegam no grupo achando que vão encontrar pessoas completamente diferentes de si próprios e, então, se surpreendem ao encontrar homens que também são pais, filhos e trabalhadores. Há os semianalfabetos, mas há também os que têm pós-doutorado. Tales conta que um empresário encontrou no grupo o manobrista que trabalhava no prédio dele. Em comum, há as concepções desenvolvidas ao longo da vida de que as mulheres devem ser submissas, que homens não falam sobre sentimentos e que é legítimo apelar para a violência.

A Lei Maria da Penha prevê que União, estados e municípios criem centros de educação e reabilitação para os agressores. No entanto, a maioria dos grupos reflexivos criados pelo país é resultado de trabalho voluntário. O Judiciário faz parceria com os grupos, mas não há dinheiro público envolvido, e a maioria dos facilitadores trabalha de graça. Também não há diretrizes em comum. Eventualmente, os facilitadores até trocam experiências entre si, mas é tudo na informalidade, sem um protocolo estabelecido. Nem mesmo há uma exigência para o perfil dos facilitadores, embora em geral eles tenham alguma formação sobre violência de gênero. Com esse atendimento irregular pelo país, é difícil aferir o efeito dos grupos na prática. Tales Mistura avalia que, dos homens que passam pelo grupo, apenas de 5 a 6% voltam a praticar violência doméstica. Pode ser que haja reincidentes que não foram novamente denunciados, mas, de qualquer forma, é uma boa perspectiva. A ONU Mulheres, organização das Nações Unidas dedicada à igualdade de gênero, estima que, entre os agressores em geral, 75% reincidem no crime.

Algumas pesquisas procuraram descobrir se existe alguma causa biológica que explique por que homens são mais violentos que as mulheres, mas a tese de que há influência da testosterona, hormônio presente em maior quantidade nos homens, nunca foi categoricamente comprovada. Por outro lado, as pesquisas sempre apontam que fatores culturais e sociais são as maiores influências que levam a um comportamento violento. A criação dos homens, em geral, permite e valoriza aqueles que se expressam por meio da agressividade. Há uma construção cultural que faz homens se sentirem autorizados a usar a violência. E, em vez de falar sobre contrariedades e frustrações, como as mulheres costumam fazer, eles podem partir para agressões.

Um exemplo é a relação entre futebol e violência doméstica. O Instituto Avon e o FBSP divulgaram, em 2022, a pesquisa *Violência contra as mulheres e o futebol*. Foram analisados registros de ameaça e lesão corporal contra mulheres entre os anos de 2015 e 2018 em cinco capitais brasileiras: Rio de Janeiro, São Paulo, Porto Alegre, Belo Horizonte e Salvador, e foi feito um cruzamento desses dados com os dias dos jogos dos clubes das séries A e B do Campeonato Brasileiro. A pesquisa encontrou um aumento de até 26% nos casos de violência doméstica nos dias em que havia alguma partida. Quando algum time local joga em outra cidade, são 23,7% mais casos de ameaça e mais 20,8% de lesão corporal. Quando o jogo é na cidade-sede do clube, os registros de lesão corporal contra mulheres sobem em 25,9%. A conclusão é de que o futebol funciona como um catalisador de frustrações. Claro que a culpa não é do futebol, mas, sim, da cultura que naturaliza que homens descarreguem suas insatisfações, de qualquer origem, atentando contra a integridade física e emocional de mulheres. Os pesquisadores citam na abertura do levantamento um trecho da canção "Gol anulado", de dois gênios da música brasileira: João Bosco e Aldir Blanc. Um dos versos diz: "Quando você gritou Mengo no segundo gol do Zico/ Tirei sem pensar o cinto/ E bati até cansar". A música chegou a ser regravada por ninguém menos que Elis Regina.

Perceber e criticar a violência contra a mulher é um fenômeno recente, porém, enquanto o meio musical, os programas de TV e a imprensa hoje se policiam para não reproduzir conceitos machistas, a naturalização da violência contra a mulher segue correndo solta na internet. Grupos masculinos como os *red pills*, os *incels* e o MGTOW pregam abertamente a superioridade dos homens e a submissão das mulheres. O termo *red pill* faz referência ao filme *Matrix*, no qual o personagem principal precisa escolher entre uma pílula azul, que o mantém no mundo de ilusão, e uma pílula vermelha, que traz a consciência da realidade. Eles pregam, por exemplo, ideias estapafúrdias como a de que lavar uma louça em casa tira a virilidade de um homem. Já o termo *incels* significa "celibatários involuntários", homens que foram rejeitados por mulheres e destilam frustração e raiva em fóruns na internet. MGTOW é uma sigla em inglês para *Men Going Their Own Way* — homens seguindo o próprio caminho. Esse grupo prega que as mulheres são nocivas, atrapalham a vida dos homens e são corrompidas pelo feminismo; por isso, a solução é assumir posicionamentos radicais e não ter qualquer tipo de relacionamento com elas. Esses grupos existem pelo mundo afora e defendem suas ideias misóginas abertamente, sem nenhum controle, na terra de ninguém que ainda é a internet.

Mesmo fora do extremismo doentio e tosco dessas comunidades, o machismo explícito também circula entre homens mais razoáveis. A pesquisadora Valeska Zanello, da Universidade de Brasília, nas palestras que faz pelo país, pediu a parceria de homens para analisar o que se passa nos grupos de WhatsApp exclusivamente masculinos. Seis homens toparam ser voluntários. Durante seis meses, esses "espiões" mandaram *prints* de conversas e conteúdos que circulavam nesses grupos, que reuniam perfis variados, com homens dos 20 aos 67 anos, de classe média e classe alta, brancos e negros, em diferentes regiões do país. Em 634 posts analisados, é gritante a objetificação de mulheres, que sempre aparecem nuas ou seminuas em montagens que se pretendem engraçadas sobre qualquer assunto que seja, de meio ambiente até a campanha contra o câncer de mama. Mulheres obesas são alvo de chacota; negras, desvalorizadas; idosas, ridicularizadas. Mulheres são comparadas a algo que se consome, como carne e cerveja, ou são retratadas como interesseiras, em poses sensuais pedindo dinheiro ou em lanchas ao lado de homens decrépitos. Após os posts, vêm os comentários, sempre com muito riso e misoginia. Traição, estupro, feminicídio, tudo vira piada. Há ainda cenas de sexo em que a mulher está sempre mais exposta, e é difícil saber se ela ao menos sabia que estava sendo filmada. Em um vídeo, compartilhado em mais de um grupo, aparecem um rapaz e duas jovens nitidamente bêbadas. Ele incita as duas a tirar a roupa, se beijar e fazer sexo a três. Filmar sem consentimento é crime e compartilhar essas imagens também é. Os homens nos grupos, no entanto, reagiram com excitação. Nos comentários, sempre se apresentam animadíssimos e prontos para toda e qualquer possibilidade de sexo, como se isso fosse uma obrigação. Homens que não riem nem interagem são provocados, chamados de gays, como se isso fosse alguma ofensa, e ninguém levanta a voz contra os absurdos, os preconceitos e a violência que circulam por ali. É aqui que entra o time talvez mais numeroso e certamente tão danoso quanto o das pessoas que propagam misoginia: o dos homens do silêncio cúmplice.

No dia a dia, quando se trata de violência e discriminação contra mulheres, os homens se omitem para não discutir com outros homens e também para não serem tachados de fracos, com variações que incluem serem chamados de gays, mulherzinhas ou paus-mandados. Há homens que visualizam esses posts, acham ridículo, incorreto ou mesmo criminoso e simplesmente optam por se calar. Não há empatia nem mesmo quando existe alguma identificação com as vítimas. Nos grupos, homens negros não saíram em defesa de mulheres negras ofendidas, homens idosos não defendiam mulheres idosas, homens obesos não reclamavam de ofensas a mulheres obesas. É assim que acontece tanto no mundo virtual quanto no real. Sei do caso de um advogado do Rio de Janeiro que costuma contar alegremente para amigos que estava dando uns amassos numa colega de trabalho, em uma noite em que ficaram só os dois no escritório, quando ela pediu para que parassem. Ele, no entanto, afirmou que, já que tinha começado, iria até o fim. Ou seja, ele confessou um estupro para vários outros homens, se gabando, dizendo como era ousado e determinado, que era ele quem mandava na situação. Alguns outros homens acharam engraçadíssimo, e não teve nenhum para lhe dizer que, na verdade, ele era um criminoso.

Nas imagens da agressão do DJ Ivis contra Pâmella Holanda, chama atenção a passividade com que o outro homem presente em uma das cenas assiste a tudo. Na delegacia, Charles Barbosa de Oliveira, amigo e funcionário de Ivis, se justificou dizendo que não interferiu porque "travou" e não sabia o que fazer. Essa aceitação da violência contra a mulher se reflete ainda no que vem depois da agressão. Quando conversei com Pâmella, Ivis estava preso e ela tinha medo de qual seria a reação dele quando saísse da cadeia e descobrisse que estava com o nome manchado, que não era mais um artista tão querido como antes.

Entretanto, Ivis foi solto e encontrou tudo do mesmo jeito aqui fora — ou até melhor. Quando as agressões a Pâmella foram divulgadas, ele tinha 736 mil seguidores no Instagram. Logo em seguida, chegou a quase

1 milhão. Hoje, com 1,6 milhão de seguidores, ele faz posts frequentes divulgando novas músicas, mostrando bastidores de gravações ou fazendo caridade. No perfil, define-se como um *hit maker*, um criador de sucessos. Só quando eventualmente posta alguma foto com a filha, aparece um ou outro seguidor lembrando da agressão à mãe da menina. Porém, para cada comentário desse, chegam várias outras pessoas em tom agressivo defendendo o DJ.

Não é nenhuma surpresa que isso aconteça. A lista de famosos que seguem com as carreiras, apesar de terem agredido mulheres, é extensa. Em 2006, a revista *Veja* estampou na capa a imagem da mulher do então galã de novelas Kadu Moliterno com pontos no nariz e hematomas nos olhos e a declaração de que ele sempre bateu nela. Apesar da grande repercussão na época, o ator seguiu trabalhando regularmente. A esposa do cantor Netinho de Paula também apareceu com marcas de violência, e ele admitiu ser o agressor. Até hoje faz shows e se apresenta em programas de TV. O cantor Naldo Benny foi condenado em 2018 por agredir a esposa com socos, tapas e até um golpe de garrafa. A pena de quatro meses de cadeia foi suspensa com a condição de que ele frequentasse um grupo reflexivo. Também seguiu com a rotina de shows, acumula 19 milhões de seguidores no Instagram e, de bônus, reatou o relacionamento com a mulher, com quem aparece em fotos felizes nas redes sociais. Claro que qualquer pessoa, estando em dia com a Justiça e não cometendo novos crimes, pode e deve aprender com os erros e refazer a própria vida. O que me espanta é isso acontecer com pessoas públicas, que o tempo todo são julgadas e canceladas por muito menos. Uma declaração desastrada parece ter mais peso que ser flagrado espancando uma mulher. Ser artista implica ter fãs, precisar da simpatia do público para se manter. A forma como as pessoas relevam agressões escancara o alto nível de tolerância da sociedade diante de crimes contra mulheres. Agressores, sejam pessoas públicas ou não, seguem a vida sem maiores atropelos. E, talvez por isso, nem se considerem criminosos.

7

Por que eu sou mais julgada que meu assassino?

Na sala da casa de Sônia, mesas, estante e paredes são cobertas com inúmeros porta-retratos e quadros com fotos da filha. A maioria foi clicada em estúdios, o que deixa evidente o desejo da jovem de se tornar modelo. Muitas dessas imagens, eu já conhecia — e, provavelmente, você também já as viu. Essas fotos estamparam jornais e programas de tv em 2010, quando a filha de Sônia, Eliza Samudio, foi assassinada. Ela tinha 25 anos e um bebê de quatro meses a quem chamou de Bruno, o mesmo nome do pai do menino, com quem travava uma disputa pelo reconhecimento da paternidade. Bruno Fernandes era, então, goleiro titular do Flamengo e foi condenado como o mandante do assassinato de Eliza. As fotos na sala de Sônia mantêm as lembranças e constroem no neto um imaginário sobre a própria mãe, que ele praticamente não conheceu.

Doze anos depois do crime, fui encontrar Sônia e Bruninho em Campo Grande, Mato Grosso do Sul, onde Sônia já morava e onde passou a criar o neto. Era um sábado de manhã, e Sônia estava em um clube de futebol, numa rodinha de conversa ao lado do campo, com pais e mães que acompanhavam um treino do time infantojuvenil enquanto bebiam tereré, tradicional bebida sul-mato-grossense feita com mate e outras ervas como cidreira e hortelã, consumida em cuias, como se fosse uma espécie de chimarrão.

Procuro no campo por Bruninho, e me dizem para olhar para o menino mais alto que está no gol. Por uma ironia da vida ou, talvez, herança genética, Bruninho joga como goleiro — e é muito bom na posição. Graças a seu talento, após um título em 2019, recebeu uma bolsa de estudos numa escola particular da cidade. Até então, ele era aluno da rede municipal. Com a oportunidade, Sônia até se mudou para ficar mais perto do colégio.

No fim do treino, Bruninho se aproxima. A semelhança com a mãe impressiona. Ambos têm os mesmos olhos. Sônia sugeriu que fôssemos a um shopping para conversar e, de lá, após alguma insistência minha, fomos à casa da família. Ela, mais tarde, me explicou que estava com vergonha da residência simples. Bruninho tem o próprio quarto. A cama é a mesma que Eliza usava. O menino, porém, me conta que só ocupa o cômodo durante o dia. À noite, prefere dormir em um colchão no quarto da avó, que fica bem em frente. Diz que prefere o quarto dela porque é mais quente.

Por todos os lados do quarto de Bruninho, está a paixão pelo futebol — especialmente pelo São Paulo, o clube do coração, o mesmo para que Eliza torcia. São pôsteres, toalha e roupa de cama, além de todo o material escolar: de adesivos na mochila pesada da escola até os cadernos com o escudo do time na capa. Tem também emoldurada uma camisa autografada do ídolo, o goleiro Zetti, que conquistou com o São Paulo uma coleção de títulos nos anos 1990, incluindo duas Libertadores e dois campeonatos mundiais. No quarto, também estão guardadas as inúmeras medalhas que o próprio Bruninho já conquistou em campeonatos infantis.

Futebol é o assunto preferido dele. Fala com desenvoltura sobre clubes nacionais e estrangeiros, quais são as melhores chuteiras e luvas, os preços dos equipamentos, os jogadores que admira. Quando comecei a perguntar sobre sua própria história, ficou compreensivelmente tímido e parecia desconfortável. Era a primeira vez que Bruninho falava com uma jornalista. Contou que sabe o básico sobre a história da mãe e que prefere perguntar para a avó do que pesquisar na internet, ainda mais depois que se deparou com uma grotesca fantasia de Carnaval de um homem vestido com a camisa do Flamengo com o nome Bruno nas costas e carregando um saco de lixo com uma placa com o nome Eliza. Sônia lembra da dor e da revolta que a imagem causou no neto. Bruninho repetia que a mãe dele não era lixo.

Quando as perguntas chegam, a avó sempre responde de forma direta, sem meias-verdades, exatamente como orientam os psicólogos infantis.

Sônia sempre mostrou as fotos de Eliza e deu inicialmente a clássica explicação de que a mãe havia virado estrelinha e estava no céu. Só por volta dos seis anos Bruninho começou a perguntar sobre o pai. Primeiro, quis saber se ele estava vivo. Depois, onde ele estava e se podia encontrar com ele. Sônia explicou que o pai estava preso. Bruninho perguntou se era por envolvimento com drogas. Não, não era. Perguntou, então, se ele tinha matado alguém. Recebeu a informação de que o pai tinha mandado matar uma pessoa, ao que Bruninho retrucou que então dava no mesmo. Aos poucos, pergunta por pergunta, foi conhecendo a própria história. Só quando quis saber onde Eliza estava enterrada foi que soube que o corpo nunca havia sido encontrado. O menino me diz, então, que achava que seria melhor se o corpo da mãe estivesse em algum lugar conhecido.

Com o tempo, vieram questionamentos diferentes. O garoto já quis saber da avó se ela odeia o pai dele. Diante da resposta negativa, Bruninho insistiu: "Mas ele matou sua filha". Sônia afirma que não sente ódio porque ama o neto.

Bruninho chama a avó de mãe, embora Sônia sempre deixe claro que a mãe dele é Eliza. É um menino bonito, vaidoso e falante, que gosta de implicar com a avó. Aos doze anos, com 1,73 m de altura, chama Sônia de baixinha — ao que ela responde que, quanto mais alto, maior o tombo. Durante nossa conversa, Sônia fala de outra semelhança entre Bruninho e o pai: o goleiro Bruno também foi criado pela avó. Ela conta que esteve com a avó de Bruno nos julgamentos do caso. Nesse momento da entrevista, Bruninho pergunta como foi o encontro e se elas conversaram. Parece que ele vai buscando informações aos poucos, na velocidade com que consegue digerir.

Apesar de hoje ser tão presente na vida do neto, Sônia só soube da existência dele depois do assassinato da própria filha. Esperando um bebê de um homem casado e coagida por ele a fazer um aborto, Eliza não contou para a mãe sobre a gravidez. Na última conversa que tiveram por telefone, Sônia estranhou o tom de Eliza, perguntou o que estava havendo e disse que estava ali para o que ela precisasse, mas a filha desconversou.

Um mês antes do crime, Sônia teve um sonho que hoje considera uma premonição. Era um pesadelo em que Eliza era assassinada e jogada dentro de um poço. Ficou com o coração aflito e tentou falar algumas vezes com a filha, porém ela não atendeu nem retornou a ligação. Procurou saber dela por parentes, que a tranquilizavam dizendo que Eliza tinha o hábito de sumir de vez em quando, mas que logo daria notícias.

A morte de Eliza chocou o Brasil inteiro, ainda mais quando vieram à tona informações tão absurdas quanto cruéis sobre a forma como o crime foi cometido. Segundo as investigações, Eliza estava com o filho recém-nascido em um hotel no Rio de Janeiro e foi levada de lá por um primo de Bruno, Jorge Luiz Lisboa Rosa, na época menor de idade, e por Luiz Henrique Romão, o Macarrão, amigo de Bruno, aquele típico "parça" que orbita jogadores de futebol endinheirados e vira quase um funcionário. Macarrão ainda ia além. Idolatrava Bruno a ponto de fazer uma tatuagem nas costas com o nome do goleiro e dizeres sobre amizade indestrutível e amor verdadeiro. Iludida pela promessa de que o jogador iria fazer o exame de DNA e ver um apartamento onde ela pudesse viver com o filho em Minas, Eliza aceitou ir ao encontro de Bruno. Assim que entrou no carro com Macarrão, foi agredida por Jorge com uma coronhada na cabeça. Mais tarde, a polícia constatou que havia sangue dela no carro, o que foi uma prova importante para o caso. Nessa primeira noite, Eliza foi levada para a casa de Bruno em um condomínio na Barra da Tijuca, no Rio de Janeiro. Na época, o goleiro era casado com Dayanne Rodrigues, mas nessa noite quem estava lá era outra mulher com quem ele também mantinha um relacionamento. O nome dela era Fernanda Gomes de Castro, e a jovem foi convocada para ajudar a cuidar de Bruninho. No dia seguinte, todos partiram para um sítio do goleiro em Esmeraldas, na região metropolitana de Belo Horizonte. As investigações concluíram que Bruno e seus comparsas mantiveram Eliza em cárcere privado na propriedade por cinco dias. Outro primo de Bruno, Sérgio Rosa Sales, que estava no sítio, também sabia que Eliza estava trancada na casa com o bebê.

Jorge Luiz Lisboa Rosa, como já mencionado, era menor de idade na época e foi o primeiro a confessar a participação no crime. Contou que, quando já estavam no sítio, foi chamado outro comparsa — depois identificado como o ex-policial militar Marcos Aparecido dos Santos, vulgo Bola. Segundo o relato, o policial pediu a Macarrão que amarrasse as mãos de Eliza e, depois, a chutou e lhe deu uma gravata. Jorge Luiz contou que viu a vítima morrer asfixiada. Bruno, por sua vez, disse ao tribunal em seu julgamento, em 6 de março de 2013, que soube desses fatos por Macarrão e, ainda, que Eliza teria sido esquartejada e o corpo jogado para os cachorros, numa versão macabra nunca confirmada. O goleiro disse que não ordenou o assassinato, mas que aceitou e que tinha certeza do crime a partir do relato de Macarrão.

Bruninho ficou aos cuidados de Fernanda e de Dayanne, que chegou ao sítio alguns dias depois. As duas foram acusadas ainda de terem tentado fazer com que o menino sumisse. O filho de Eliza foi entregue a uma conhecida na cidade de Ribeirão das Neves, também em Minas Gerais, para que ela o escondesse, e já estava até sendo chamado por outro nome quando foi encontrado pela polícia. Segundo a promotoria, as duas sabiam dos planos para matar Eliza.

Todos os acusados foram a júri popular. Dayanne foi absolvida, pois prevaleceu a tese da defesa de que ela fora informada pelo marido que o bebê havia sido abandonado no sítio pela mãe e nada sabia sobre o sequestro. Fernanda acabou condenada pelo sequestro e pelo cárcere privado de Eliza e Bruninho. A pena foi de cinco anos em regime aberto — ou seja, ela só precisou passar as noites e os fins de semana na penitenciária. Macarrão pegou quinze anos de prisão; e Bola, 22. Sérgio Rosa Sales chegou a ser preso preventivamente, mas conseguiu liberdade provisória e foi assassinado antes de ir a julgamento, num crime com indícios de execução que nunca foi totalmente esclarecido pela polícia. O irmão dele, Jorge Luiz Lisboa Rosa, cumpriu dois anos de medida socioeducativa em uma unidade para menores infratores. Ao sair, teve algumas passagens pela polícia por roubo e furto. Em 2022, morreu por espancamento. Acredita-se que tenha sido torturado por traficantes na comunidade onde vivia, em São Gonçalo, no Rio de Janeiro, após ter praticado um furto na área. Dois funcionários que trabalhavam no sítio de Bruno, Elenilson da Silva e Wemerson Marques, também foram condenados a três e dois anos de prisão respectivamente, ambos em regime aberto, por envolvimento nos crimes.

Na denúncia do Ministério Público, consta ainda uma violência anterior ao homicídio. Eliza registrou um boletim de ocorrência quando estava grávida de cinco meses acusando Bruno e Macarrão de a terem sequestrado, agredido e, com um revólver apontado para a cabeça dela, forçado a ingerir comprimidos e um líquido abortivos. Na época, a polícia requisitou uma medida protetiva para que Bruno fosse mantido longe de Eliza, mas a Justiça negou o pedido alegando que isso poderia "banalizar a finalidade da Lei Maria da Penha", porque, segundo a juíza Ana Paula Delduque, a lei visaria à proteção da mulher na relação afetiva, e não em uma relação de caráter eventual e sexual. A Lei Maria da Penha, no entanto, não estipula qualquer tempo mínimo ou tipo de relacionamento, nem exige coabitação para ser aplicada. Na época do assassinato de Eliza, quando essa primeira denúncia veio então à tona, a Secretaria de Políticas para Mulheres emitiu um comunicado reiterando que qualquer relacionamento amoroso pode terminar em processo judicial com aplicação da Lei Maria da Penha e que a alegação de que Eliza não poderia receber proteção do Estado por ser "amante" ou "ficante" remete a padrões antigos de preconceito contra as mulheres. Quando Eliza já estava morta, saiu o resultado do exame de urina colhido na época, que confirmou a presença de substâncias possivelmente abortivas.

Bruno foi preso em julho de 2010, quando Eliza estava desaparecida havia um mês. Indiciado por formação de quadrilha, corrupção de menores (por conta do envolvimento do primo adolescente), sequestro, cárcere privado, homicídio e ocultação de cadáver, ele foi sentenciado em 2013. Recebeu uma condenação de 22 anos e 3 meses pelo sequestro, ocultação de cadáver e por ordenar o assassinato de Eliza. A reação de Bruno ao receber a sentença ficou marcada na memória de Sônia. Ela conta que Bruno chorou com raiva e perguntou ao advogado se aquilo era justiça. Sônia, naquele momento, também se perguntou se a justiça era só aquilo. O corpo de Eliza nunca foi encontrado. No entanto, apesar das buscas no sítio e nos arredores não terem dado em nada, a Justiça emitiu a certidão de óbito de Eliza em janeiro de 2013, na qual consta morte por asfixia. O Código Civil brasileiro prevê que uma morte presumida pode ser decretada quando for extremamente provável que a pessoa em questão estava em perigo de vida após esgotadas as buscas e averiguações. Circunstâncias que induzam à certeza da morte também são levadas em consideração, e o juiz fixa a data do óbito na sentença. É um processo que, em geral, leva de um a quatro anos após o desaparecimento.

Além dos criminosos, uma pessoa — e, essa, sim, de forma totalmente descabida — recebeu uma dura condenação. Em todas as etapas da investigação e dos processos judiciais, Eliza passou pelo julgamento da mídia e da opinião pública. O caso, envolvendo o goleiro titular do clube mais popular do país do futebol, ganhou reportagens diárias em que a conduta dela era covardemente explorada, pois sempre será uma covardia tentar atribuir a uma vítima a culpa pela violência que ela sofreu, ainda mais por se tratar de uma mulher que não tinha mais como se defender. Isso é um desrespeito à memória dela, à família que ficou, e um desserviço a todas as mulheres. Muitas reportagens destacavam que Eliza havia sido garota de programa, que fez filmes pornográficos, que teria conhecido Bruno em uma orgia com outros jogadores de futebol, que quis dar o "golpe da barriga" — ou seja, engravidou de um homem rico para receber uma boa pensão. Essas afirmações foram repetidas sem nenhum compromisso com provas. E, mesmo que tudo fosse verdade e por mais que uma moral mais rígida reprove todos esses comportamentos, não é possível que não se enxergue a distância enorme entre uma conduta pessoal (e consensual) e um crime de assassinato. No livro *Histórias de morte matada contadas feito morte morrida*,[*] as jornalistas Niara de Oliveira e Vanessa Rodrigues analisam a maneira como a imprensa retratou histórias de mulheres vítimas de feminicídio. Um dos capítulos trata da cobertura do assassinato de Eliza Samudio e mostra como ela era constantemente julgada, desmerecida, tratada nas manchetes como "ex-amante", com toda a conotação pejorativa do termo, e retratada em fotos com poses tidas como sensuais.

Ao retratar Eliza como uma pessoa sem moral, o efeito é o de pintar Bruno como alguém que estava se defendendo de uma interesseira — como se isso atenuasse o crime bárbaro que ele cometeu. As autoras apontam, ainda, como o assassino continuou a ser tratado como "goleiro Bruno" e tinha constantemente seu talento de atleta exaltado. Convenhamos, seria como destacar que Suzane von Richthofen era uma boa aluna nas reportagens sobre ela ter assassinado cruelmente os próprios pais. No entanto, esse atestado de bons serviços prestados parece só estar disponível para criminosos do sexo masculino. Isso precisa nos fazer pensar como sociedade e me faz pensar como jornalista. Historicamente, a violência contra a mulher sempre foi tratada como algo menos importante e atribuindo-se culpa à vítima. Uma

---

[*] São Paulo: Drops Editora, 2022.

simples manchete na voz passiva, a exemplo de "Mulher é assassinada por ex-marido", já a coloca na posição de sujeito. Por que não "Homem assassina ex-mulher"? Parece uma sutileza, mas citar a vítima como sujeito da voz passiva reproduz o conceito de que aquela mulher tem alguma responsabilidade na ação. A pergunta que vem na sequência da primeira manchete é "Por que ela foi assassinada?". Como se houvesse algum motivo minimamente justificável na conduta dela. Na segunda, nosso pensamento é "Por que ele a assassinou?", o que já traz um questionamento sobre o criminoso, como deveria ser em todos os tipos de crime.

  O linchamento da reputação da própria filha foi um novo tipo de violência contra a mulher a entrar na vida de Sônia, mas não o primeiro. Aos dezenove anos, logo no início de sua vida adulta e grávida de Eliza, ela começou a sofrer agressões psicológicas que logo se transformaram em físicas. Terminou e reatou o relacionamento com o pai de Eliza algumas vezes e, em duas ocasiões, tentou pedir ajuda à polícia. Se hoje já é difícil conseguir proteção, há trinta anos ela deixou a delegacia após ser questionada por policiais homens sobre o que ela havia feito de errado para ser agredida. Obviamente, não conseguiu nem mesmo prestar queixa. Depois que se separou de forma definitiva, arrumou um emprego de doméstica, no qual dormia de segunda a sexta-feira na casa da família que a empregava e, durante a semana, deixava a filha aos cuidados da avó paterna. O arranjo durou alguns poucos anos, até Sônia tentar reconstruir sua vida amorosa. Ao aparecer em uma sexta acompanhada de um namorado para buscar Eliza, então com oito anos, o pai da menina disse que só a entregaria em pedaços. Sônia nunca mais conseguiu reaver a guarda da filha — ela já havia sentido que procurar a ajuda das autoridades contra o ex-marido não era uma opção. Após muitas ameaças, decidiu fugir para a casa de uma amiga em Campo Grande. Sempre que podia, encarava viagens de quinze horas de ônibus até Foz do Iguaçu, onde Eliza morava com o pai, para encontrá-la às escondidas com o auxílio da ex-sogra, que também não tinha coragem de enfrentar o próprio filho, mas ajudava como podia. Só na adolescência Eliza foi morar com a mãe. Alguns anos depois, Sônia recebeu a notícia de que o pai de Eliza tinha morrido. Porém, em uma reviravolta inesperada, o pai reapareceu após a morte da filha, querendo a guarda de Bruninho. Veio à tona, então, que Luiz Carlos Samudio havia sido condenado à prisão por estupro e, por isso, com a conivência da família, espalhou a informação sobre a própria morte. No fim, não conseguiu a guarda do neto e voltou para a vida de foragido.

Depois de enfrentar sozinha tanto sofrimento, Sônia decidiu usar a própria experiência para ajudar outras pessoas. Entrou para o grupo Vítimas Unidas, que promove a interação e a troca entre famílias que perderam seus filhos para a violência, e leva apoio a quem precisa. Sônia viajou para o Rio de Janeiro e acompanhou um dos julgamentos do caso Henry Borel, o menininho de quatro anos levado morto a um hospital com lesões graves. O padrasto e a mãe foram presos, acusados do assassinato. Sônia também levou sua voz a Brasília, onde discursou na audiência pública para debater a criação do Estatuto das Vítimas, projeto de lei ainda em tramitação que prevê um protocolo de amparo jurídico e psicológico a ser garantido pelo Estado para vítimas e famílias. Em seu discurso no Senado, ela lembrou que os direitos do neto são negados ao longo dos anos pela morosidade e pela falta de efetividade da Justiça. Só quando Bruninho tinha dois anos de idade, a Justiça determinou o reconhecimento de paternidade e a inclusão do sobrenome do pai na sua certidão de nascimento. Bruno, o pai, não quis fazer o exame de DNA, o que é um direito dele. Porém, quando há a recusa, a Justiça pode abrir mão da prova genética e aplicar a súmula 301 do Superior Tribunal de Justiça, que induz a presunção de paternidade ao analisar outros indícios, inclusive a própria recusa do homem de realizar o exame. Dois anos depois, Bruno quis pedir o exame alegando que o filho se parecia muito com a mãe, mas, em tese, após o julgamento, dificilmente uma decisão judicial pode ser revista. Qualquer pedido de reavaliação teria que ser baseado em uma prova ou uma descoberta nova, mas isso não se aplicou ao caso porque já havia anteriormente a possibilidade de realização do exame de DNA. Durante a audiência em Brasília, Sônia também falou sobre como teve que "reaprender a viver", em meio à tragédia, à difamação da filha assassinada e às responsabilidades com o neto.

Entre essas responsabilidades que Sônia tomou para si, está a de criar um homem que seja respeitoso com as mulheres. Em uma fase em que as paqueras começam a aparecer, sempre frisa para o neto que ele precisa ter respeito pelas meninas. Também se preocupa em lembrar e relembrar que ele deve seguir os bons exemplos no esporte e saber administrar o dinheiro que ganhar, longe de ostentação. Também tenta mostrar ao neto que ele pode e deve seguir de cabeça erguida, sem dar importância às maledicências sobre a mãe nem ao sentimento de pena alimentado por muitas das pessoas que o cercam. A avó ensina que, não, o neto não é um coitado, e Sônia ainda tem uma outra grande preocupação: preparar Bruninho para um possível dia em que ele se encontre com o pai.

Em nossa conversa, Bruninho me disse que já assistiu a vídeos do pai jogando e que o achou um bom goleiro, mas que não tem vontade de conhecê-lo nem gosta de ouvir sobre ele. Já Sônia conta que, para ela, Bruninho já disse que vai querer conversar com o pai quando estiver "olho no olho com ele", ou seja, quando se tornar adulto e ambos tiverem a mesma altura. Ela acha que esse momento está cada vez mais próximo e quer que Bruninho esteja forte para a reação de Bruno, que pode ser a de abrir um diálogo ou ignorar o filho — é impossível saber como ele irá reagir. O próprio Bruno, em uma live no Instagram,[*] em 2022, disse que havia chegado a hora de se aproximar do filho, porém não fez nenhum movimento nesse sentido. A própria Sônia diz que tem vontade de um dia conversar com Bruno. Ela fantasia em ir até o trabalho atual dele e ver se o assassino de sua filha ao menos a encararia.

Como a condenação penal no Brasil é quase fictícia, dos 22 anos a que foi condenado, Bruno ficou um total de apenas oito anos e dez meses na cadeia antes de conseguir um primeiro *habeas corpus* para aguardar em liberdade o julgamento de um recurso. Em 2019, foi para o regime semiaberto. Nessa época, pasmem, chegou a ser contratado para voltar a jogar futebol. Foi cooptado pelo Boa Esporte, clube da segunda divisão do campeonato mineiro. Após pressão da torcida e de patrocinadores, o contrato foi rescindido. O episódio abriu uma discussão sobre o direito de um criminoso ser ressocializado após deixar a cadeia. Nesse caso, porém, o debate tem o viés de colocar um assassino em um posto de ídolo. Imagine crianças e torcedores em geral enxergando um feminicida como herói. A mensagem seria que

---

[*] Disponível em: https://www.instagram.com/p/Crl3TAjPBKp/. Acesso em: 24 set. 2024.

matar uma mulher por motivo torpe, por meio cruel como a asfixia e sem chance de defesa para a vítima não é algo tão condenável assim.

 Atualmente, Bruno mora em Cabo Frio, na Região dos Lagos, no Rio de Janeiro, é proprietário de uma loja de açaí e casou-se de novo. Confesso que me pego julgando mulheres que entram em relacionamentos com agressores ou assassinos de outras mulheres. Algumas vezes, os primeiros encontros acontecem ainda dentro da cadeia. Já fiquei me perguntando: "Que tipo de mulher faz isso?". E a resposta é que é a mulher-padrão, como tantas e tantas de nós. A mulher criada para relevar e justificar a violência dos homens, achar que eles vão melhorar e que, inclusive, é missão dela ajudar a revelar esse novo sujeito. Vamos nos lembrar que, mesmo no cometimento de um crime, Bruno teve a cumplicidade da esposa e de uma namorada.

 Em todos esses anos, Bruno nunca pagou um centavo das despesas de Bruninho. Em 2022, Sônia chegou a organizar uma vaquinha pela internet depois que o marido, que bancava as despesas da casa e de Bruninho, foi internado em estado vegetativo após uma série de paradas cardiorrespiratórias. Hernane Silva de Moura, a quem Bruninho chamava de pai, morreu após algumas semanas internado.

 Depois de nosso encontro, Bruninho reapareceu nas reportagens com boas notícias. Em fevereiro de 2024, aos quatorze anos e já com 1,88 m de altura, ele assinou um contrato de formação com um time da primeira divisão, o Athletico Paranaense, em Curitiba. Esse contrato prevê uma ajuda de custo e a garantia de que o atleta seguirá com os estudos mesmo com a rotina de treinos e jogos. Bruninho foi convidado a treinar no clube depois de se destacar na escolinha de futebol em Campo Grande. Pelo Athletico, participou da Copa Voltaço, competição promovida pelo Volta Redonda Futebol Clube, que é a mais importante do país nas categorias sub-13 e sub-14. Foi eleito o melhor goleiro da competição e recebeu propostas para as categorias de base de sete clubes. Decidiu fechar com o Botafogo e se mudou para o Rio de Janeiro. Após a assinatura do contrato, o goleiro Bruno passou a ser mais um entre os 161 mil seguidores de Bruninho no Instagram. Bruninho não o segue de volta.

 No encontro com a família, quando nos despedimos, eu e Sônia nos abraçamos, e dei em Bruninho o abraço que senti que o Brasil gostaria de dar, o Brasil que acompanhou estarrecido o assassinato cruel, a covardia sem tamanho, a maldade, o injustificável. Pedi a ele que considerasse, um dia, jogar pelo meu Fluminense, desejei boa sorte, disse que espero que ele consiga tudo o que quer e que seja feliz.

Em 1949, o estudioso de mitologia Joseph Campbell publicou *O herói de mil faces*,[**] livro no qual trouxe o conceito de jornada do herói, que até hoje é muito aplicado em roteiros cinematográficos. Ao avaliar os grandes mitos da história, o autor encontrou um arco narrativo comum: o "herói" é chamado a uma aventura fora da vida cotidiana, entra em um mundo desconhecido, experimenta provações, conhece aliados e inimigos, passa por um desafio enorme e, depois, tem sua redenção, realizando uma volta triunfal. Quando Bruno foi recontratado no futebol logo depois de ir para o regime semiaberto, alguns artigos na internet — e talvez o inconsciente coletivo — tentaram associar a trajetória do goleiro assassino à jornada do herói. Bruno, de família humilde e desestruturada, foi lançado no mundo do esporte de ponta, da glória e da fama, passou por um percalço enorme e estaria voltando aos trilhos de sua trajetória — como se a palavra "herói" pudesse ser associada a um criminoso cruel e covarde e como se houvesse uma redenção pública possível. Essa narrativa não pode se aplicar a esse assassino, mas espero ter notícias de que Bruninho, o menino de quem a mãe foi tirada, a criança de quem o pai quis se livrar, o bebê em quem quiseram dar sumiço, cresceu, foi amado, bem-sucedido, feliz e construiu uma vida de paz.

[*] São Paulo: Pensamento, 2009.

8

Era ele ou eu

Úrsula não sabe dizer por quanto tempo ficou parada no corredor de sua casa com uma a pistola calibre .38, pensando em se matar. A voz do filho de oito anos, que estava na sala e chamava por ela, foi o que a tirou do transe. Rapidamente, ela largou a arma e correu para tirar o menino dali. Catou algumas roupas, uma lata de leite em pó e o videogame do menino, escolhas aleatórias que lhe vieram à cabeça naquele momento. Foi para a casa do irmão e contou para ele e a cunhada que havia acabado de assassinar o marido. Ronaldo tinha 44 anos e era sargento da polícia militar.

Úrsula e Ronaldo moravam próximos e começaram um relacionamento quando ela tinha 18 anos e ele, 28. Os primeiros seis anos foram tranquilos, até que Ronaldo começou a ficar agressivo por motivos fúteis e passou a espancar Úrsula. Colocava o som alto para abafar os gritos dela, enrolava uma toalha na mão e lhe dava golpes na parte de trás da cabeça, para não deixar marcas aparentes. Com o tempo, no entanto, ele deixou de se preocupar com isso, e Úrsula era obrigada a disfarçar os hematomas no rosto e no corpo. Mais de uma vez, ela quis terminar o relacionamento e sair de casa, mas o marido pm dizia que dali ela só sairia morta. Também ameaçava matar a família de Úrsula.

Após as agressões, Ronaldo parecia arrependido. Nunca chegou propriamente a pedir desculpas, mas assumia um comportamento mais conciliador e tentava agradá-la de todas as formas. Tinha o sonho de ser pai.

Úrsula era pressionada a engravidar e, em dado momento, achou que talvez um filho pudesse mesmo fazer com que o marido se tornasse um homem mais feliz e melhor para ela. No entanto, continuou sendo espancada durante a gravidez.

Quando o pequeno Ronan completou três anos, Ronaldo começou a agredir também o menino. Úrsula jamais conseguirá se esquecer da primeira vez em que viu o filho pequeno levar vários tapas e ser arremessado contra a parede.

A vida de Úrsula e Ronan passou a ser um eterno pisar em ovos. Quando Ronaldo saía para o plantão no quartel, era um alívio, e começava a torcida para que ele não tivesse nenhum aborrecimento no trabalho. Quando ele voltava e descia do carro, só pela expressão de seu rosto Úrsula já sabia o que viria pela frente. Caso percebesse que o marido estava de cara amarrada, já avisava para o filho que apenas o cumprimentasse, pedisse a bênção e fosse para o quarto. Qualquer copo ou frase fora do lugar poderiam desencadear as piores agressões físicas e verbais. Úrsula toca piano desde criança, sabe ler partituras, tinha o instrumento em casa e, às vezes, era agredida quando estava praticando, simplesmente porque o marido queria ouvir outra música.

Ela e o filho adoeciam por conta da violência e do medo. Ronan tremia a qualquer aproximação do pai. O homem de 1,90 m de altura vigiava o filho em fase de alfabetização na hora do dever de casa e batia nele por qualquer erro em uma conta ou por uma palavra escrita errada. Ronan chegou a relatar na escola sobre um dia em que o pai ia bater na mão dele, mas a mãe botou a mão dela na frente. Apesar de o ECA estabelecer que qualquer pessoa que receba informações sobre violência contra menores tem a obrigação de denunciar, a direção não deu nenhum encaminhamento ao caso. Úrsula acredita que as próprias profissionais do colégio também ficaram intimidadas pelo fato de o agressor ser um policial. A essa altura, ela já não se preocupava mais consigo, só queria fazer o possível para proteger o filho.

Entre várias tentativas desesperadas, chegou a botar calmante em uma xícara de chá que serviu para o marido. Apesar de ter ficado muito machucada algumas vezes, nunca chegou a ir a um hospital. Quem estava em torno via ou percebia os sinais da violência, mas ninguém da escola do filho ou da família de Úrsula jamais teve coragem de denunciar. A Lei Maria da

Penha, depois de promulgada em 2006, era motivo de chacota para Ronaldo. Sempre que passava alguma reportagem sobre violência contra a mulher na TV, ele debochava e dizia a Úrsula que, se ela o denunciasse, ele a mataria, botaria em um saco e jogaria no rio Guandu — um dos principais do Rio de Janeiro, onde a família vivia. E ninguém achava que isso poderia ser um mero blefe. Úrsula conta que o marido colecionava, em uma pasta de plástico, recortes de obituários e notícias de mortes não esclarecidas que saíam nos jornais. Desconfiava do envolvimento dele nesses crimes.

Dias antes do Carnaval de 2008, sem motivo aparente, Ronaldo estava com um comportamento especialmente violento. Disse para o irmão de Úrsula que iria matá-la, matar o filho e se suicidar. Começou a repetir as ameaças para a própria Úrsula e outras pessoas da família dela. Na época, o casal frequentava a Igreja Adventista. Úrsula convenceu o marido a participar dos cultos na esperança de que um fortalecimento espiritual diminuísse a violência no plano físico. Entretanto, até isso foi fonte de problemas. Ronaldo cismou que Úrsula precisava levar um teclado que tinham em casa para tocar na igreja. Ela dizia que necessitava de mais tempo de estudo porque não sabia tocar todos os hinos e não queria passar vergonha. Ele, por sua vez, ameaçava quebrar o instrumento. Como sempre acontecia, mais uma questão cotidiana boba foi tomando proporções catastróficas. Já havia uma semana que a discussão em torno do assunto vinha em um crescendo até que, em uma manhã, Úrsula pressentiu que o dia definitivo havia chegado.

Na terça-feira daquele Carnaval, Ronaldo chegou em casa do plantão, nervoso, e mais uma vez agrediu Úrsula. No começo da tarde, deu um dinheiro para o filho ir se divertir na *lan house* que funcionava na vizinhança e estava aberta durante o feriado. Assim que o menino saiu, ele arrumou uma nova confusão por causa de uma vassoura fora do lugar e começou a gritar pelo suposto sumiço de uma chave de fenda. Na sequência, veio mais um espancamento. O fato de Ronaldo ser policial impunha medo, mas, ironicamente, também foi o que deu a Úrsula a chance de se salvar.

Por ter uma profissão de risco, Ronaldo decidiu que a família tinha que saber se defender e começou a dar aulas de tiro para a esposa e o filho. Dizia que saber atirar era, literalmente, uma questão de vida ou morte para os três. Ronan, inclusive, teve suas primeiras lições aos quatro anos. Em uma delas, a trava da pistola prendeu na pele de uma de suas mãos, ocasionando uma cicatriz que permanece até hoje. O acidente fez com que Ronaldo desse uma pausa nas aulas do filho até que ele crescesse mais um pouco, mas Úrsula não escapou das lições. Todos os dias, quando chegava em casa, ele botava a arma em cima da mesa e Úrsula tinha que tirar o pente e as balas, recarregá-la, acionar a trava e, em seguida, liberá-la. Sentia que o processo para ela era mais difícil por ser canhota e por ainda achar a arma pesada. Para carregar a pistola, era preciso abaixar a mola no pente da arma e encaixar a munição uma a uma. Posicionar a última das onze balas já com a mola bastante comprimida era quase impossível para Úrsula. Quando ela errava ou demorava, o marido dava tapas fortes na mão dela. A última etapa do treinamento que Úrsula tanto detestava era atirar com chumbinho em um alvo pendurado em uma árvore no quintal de casa. Ronaldo se orgulhava da boa pontaria da esposa e, uma vez ou outra, lhe dispensava um elogio. Úrsula nunca treinou com munição de verdade, mas esse aprendizado sob pressão, por mais capenga e traumático que tenha sido, mudou a trajetória dela.

Ronaldo tinha duas pistolas calibre 38 registradas no nome dele. São armas de baixo calibre, cujo tranco é mais suave. Ele costumava deixar uma das pistolas guardada no armário do quarto e levava a outra sempre que saía de casa. Quando voltava, colocava essa arma invariavelmente no alto, em cima do armário do banheiro.

Naquele dia de fevereiro, Ronaldo espancava Úrsula e dizia que iria matá-la, e ela sentiu um tipo diferente de desespero. Teve certeza de que havia chegado o momento em que o marido cumpriria as ameaças e tiraria a vida dela e a do filho assim que o menino voltasse para casa. Enquanto era jogada na parede, imaginava o filho chegando e vendo o corpo da própria mãe. Tomava socos na cabeça e vinha outra cena: de que o marido mataria o filho na frente dela e só depois a mataria. Ouviu Ronaldo dizer uma última vez que iria matá-la e, então, ele foi para o quarto, onde estava uma das armas. Úrsula não teve dúvidas. Era ele ou ela. Era ele ou ela e o filho. Só lhe restava tentar ser mais rápida.

No mesmo instante, correu para o banheiro e pegou a outra arma, que já estava carregada. Foi para o corredor, mirou e deu um único tiro. Ronaldo estava de costas. Foi atingido na cabeça e não se levantou mais. Apesar de toda a violência sofrida ao longo de mais de dez anos, Úrsula acredita que conseguia manter a saúde mental. Porém, naquele momento, mergulhou na insanidade. Só não se suicidou na sequência porque ouviu a voz do filho e sentiu que a vida a chamou de volta.

Ao chegar à casa do irmão, foragida da cena do crime, logo ouviu que a casa dela estaria repleta de policiais. Úrsula, então, ligou para o Batalhão de Mesquita, na Baixada Fluminense, onde o marido era lotado. Uma policial atendeu. Ela passou o número do RG de Ronaldo, se identificou e contou que tinha acabado de atirar no marido. A outra mulher, assustada, quis saber onde ela estava, mas Úrsula disse apenas que estava com o filho e desligou. Ficou perambulando pelas ruas até nove horas da noite, sem saber exatamente onde estava. O filho, já cansado, perguntava o que estava acontecendo, para onde eles iriam, e ela não consegue se recordar do que respondia. Horas depois, o irmão ligou e a orientou a pegar um ônibus até um sítio em Tinguá, onde o pai deles morava. O pai, como boa parte da família, havia se afastado de Úrsula e evitava ir à casa dela para não ter contato com a agressividade de Ronaldo. No entanto, diante da tragédia, acolheu a filha com um abraço, improvisou camas e serviu sopa de ervilha. Ronan, exausto, desabou em um sono pesado. Úrsula não comeu nem dormiu.

No dia seguinte, Úrsula teve que cumprir a difícil missão de contar para o filho o que havia acontecido. Não daria para esconder por mais tempo. Ela poderia ser presa a qualquer momento ou o filho poderia saber pelos noticiários. Disse para Ronan, então, que o pai dele estava morto e que ela tinha atirado nele. Explicou que o marido ameaçava os dois de morte, que precisou salvar a própria vida e a do filho. Com apenas oito anos, todos eles vivenciando a violência e o medo dentro da própria casa, Ronan entendeu e disse que estava ao lado da mãe. Foi o abraço mais importante da vida de Úrsula e um dos últimos momentos que passou na casa do pai. Como o irmão previra, a casa onde houve o crime se encheu de policiais, a rua foi fechada e curiosos não paravam de chegar. O irmão ouviu os policiais comentando sobre a "desgraçada" que havia matado o colega de farda. Começaram as buscas por Úrsula.

A polícia chegou perto de prendê-la. Logo na manhã seguinte ao crime, uma vizinha do sítio foi contar ao pai de Úrsula que havia três homens na região procurando por ele, dizendo que queriam comprar passarinhos — o que ele não vendia. O próprio pai orientou Úrsula a fugir novamente. Ela conseguiu abrigo na casa de uma amiga da igreja que sabia das agressões. O capitão do quartel telefonava constantemente para o celular de Úrsula perguntando onde ela estava, dizendo que ela deveria se entregar e que Ronan seria entregue a pessoas de confiança. Úrsula pronunciava apenas um "não" e desligava, com medo de ser rastreada. Nesses dias, o irmão pegou tudo de valor na casa de Úrsula, a começar pelo piano, e vendeu pelo melhor preço que conseguiu. Juntou na época 5 mil reais para, então, contratar um advogado. O profissional orientou Úrsula a desligar de vez o celular e negociou a apresentação dela à polícia.

Como escapou do flagrante e a prisão não foi decretada pela Justiça, Úrsula pôde responder em liberdade pelo crime, registrado pela polícia como homicídio doloso, aquele em que há intenção de matar, com o agravante de não haver chance de defesa para a vítima. Úrsula precisava, então, provar que havia matado o marido em legítima defesa. Ela nunca registrara uma queixa de agressão contra Ronaldo, o que poderia ser uma prova de que sofria violência doméstica. As testemunhas que tinha eram basicamente da família dela. Entretanto, Úrsula recebeu uma ajuda inesperada. A vizinha da casa ao lado, que era geminada com a dela, sabia havia tempos do que acontecia. Ouvia os barulhos, via os hematomas que Úrsula tentava disfarçar, inúmeras vezes encontrou Ronan no portão dizendo que teve que sair de casa porque o pai estava batendo na mãe. Quando a polícia invadiu a casa e se deparou com o corpo de Ronaldo, essa vizinha se apresentou e disse que fazia questão de ser testemunha porque ela sabia o inferno que era a vida de Úrsula.

Reunir provas da violência doméstica não é das tarefas mais fáceis. Marcas desaparecem. Espancadores usam o famigerado expediente da surra com toalha. No entanto, os peritos que têm algum treinamento para identificar violência de gênero estão atentos a sinais que podem passar despercebidos. Desde 2016, o Brasil conta com as Diretrizes Nacionais do Feminicídio, que é um conjunto de técnicas, práticas e orientações para a inclusão da perspectiva de gênero em investigações, processos e julgamentos de mortes violentas de mulheres. O documento foi elaborado por um grupo de estudos que reuniu integrantes da Justiça, da polícia e legistas, a partir de um modelo de protocolo fornecido pela Organização das Nações Unidas. A perita criminal Andréa Brochier, que participou da elaboração das diretrizes brasileiras, explica que a violência não está só no corpo da vítima. Se na casa dela há móveis desalinhados, fotos e roupas rasgadas e material de trabalho ou de estudo inutilizado, tudo isso indica um ambiente violento. Batentes e maçanetas arrebentados podem sinalizar que aquela mulher se trancava em algum cômodo para escapar e o agressor arrombava a porta. Cicatrizes antigas também podem servir de prova. A investigação pode ainda apurar mudanças no comportamento da vítima. Caso ela tenha passado a faltar ao trabalho, se ganhou ou perdeu muito peso, desenvolveu depressão ou se afastou da família, isso pode ser um indício de violência doméstica. No caso de marcas físicas, a perícia também consegue identificar vários casos em que a vítima mente para proteger o agressor. Muitas mulheres que aparecem com o olho roxo dizem que bateram em alguma quina, mas, se há fratura óssea, é mais provável que tenha sido um soco. Outras com marcas de mordida podem se dizer atacadas por um cachorro, mas a perícia consegue diferenciar o ferimento de uma mordida humana. Nos casos de feminicídio, os peritos são capazes de apontar se houve a intenção de causar sofrimento intenso antes do assassinato.

 Durante a pesquisa para este livro, passei um dia acompanhando o atendimento na Delegacia da Mulher de Duque de Caxias, na Baixada Fluminense. Quando estava lá, um homem foi preso, acusado de botar fogo na casa que pertencia à esposa, mas onde ele também morava. A vítima registrou queixa dias antes contando que havia sido agredida e ameaçada após pedir a separação. No depoimento, a mulher relatou que o homem ameaçou "encher a cara dela de tiros" e a imprensou contra a parede, gritando que ela não sairia dali e que tinha um amante. Depois de muito gritar e se debater, a mulher conseguiu escapar e correu para pedir ajuda à sogra, que morava ali perto. Quando voltou, deu de cara com os vizinhos tentando apagar o incêndio. Na delegacia, o acusado disse que tinha bebido muito, que dormiu após a discussão e que o incêndio teria sido um acidente causado por uma vela que ele deixou acesa. No entanto, foi confrontado pela análise pericial feita na casa, que concluiu que o incêndio havia sido intencional, já que foi ateado fogo no sofá com uma substância ignescente, ou seja, inflamável, e que, a partir dali, o incêndio se alastrou para outros móveis e eletrodomésticos.

No caso de Úrsula, as testemunhas, incluindo Ronan, eram as melhores provas de que ela poderia dispor para atestar a violência que sofria e que seria o motivo para o crime que cometeu. O desembargador Paulo Wunder, do Tribunal de Justiça do Rio de Janeiro, explica que um assassinato causado por um tiro nas costas não afasta a possibilidade de legítima defesa. É só um indício de que a pessoa que atirou não estava sendo agredida naquele exato momento, mas poderia estar sendo agredida antes ou vir a ser em seguida. Pelo Código Penal, a legítima defesa é um excludente de ilicitude — o que significa que quem age em legítima defesa não comete crime e, portanto, não há pena. Entretanto, até que se forme essa convicção, há mulheres vítimas de violência doméstica que matam seus agressores e chegam a ir para cadeia.

No Rio de Janeiro, em 2022, a major da PM Fabiana Pereira Ribeiro foi presa por matar o marido, Luiz Alberto Muniz do Cabo, que também pertencia à corporação. A própria Fabiana chamou a polícia após a morte, mas contou que o homem havia se suicidado com um tiro na cabeça. Três dias depois, no entanto, após a necropsia e a perícia na casa onde a família vivia, a major assumiu o assassinato e revelou um histórico de agressões físicas, sexuais e verbais violentas, absurdas, além de tentativas de assassinato. Os filhos do casal também eram agredidos.

Em um dos últimos espancamentos, ao levar socos no rosto, Fabiana acreditou que iria morrer. Contou que, nos cinco meses antes do crime, a violência já era diária. Ainda assim, o Ministério Público denunciou Fabiana por homicídio doloso qualificado. O homicídio doloso é quando há intenção ou se assume o risco de matar, e é qualificado quando há algum agravante que faça aumentar a pena — no caso, o fato de a vítima não ter tido chance de defesa, já que Luiz Alberto estava dormindo quando foi baleado. O MP pediu a prisão preventiva da major. Um ano depois, Fabiana foi ao Tribunal do Júri — a instância que julga crimes dolosos contra a vida. Um dos filhos, diagnosticado com transtorno de estresse pós-traumático, foi ouvido e confirmou o histórico de agressões sofridas por ele, pela irmã e pela mãe. Fabiana acabou absolvida por clemência, ou seja, quando os jurados, apesar de reconhecer o crime e a autoria, decidem reduzir a pena ou mesmo absolver o réu por misericórdia.

Outro caso emblemático aconteceu no interior de Pernambuco, na zona rural de Caruaru. Severina Maria da Silva contratou dois homens para matar o próprio pai, que a estuprava desde a infância. A mãe era conivente e chegava a segurar a filha para que o pai praticasse os abusos. Severina engravidou doze vezes do pai. Cinco filhos sobreviveram ao parto. Nas várias vezes em que tentou denunciá-lo, foi humilhada e desacreditada. Certa vez, ainda levou um tapa na cara de um delegado que a mandou voltar para casa. Tempos depois, ela descobriu que o pai tinha subornado o policial. De outro delegado, ouviu que o pai era uma boa pessoa e ela não deveria prestar queixa.

    O ponto de virada para Severina veio quando a filha mais velha completou onze anos e o pai disse que iria ser "dono" da menina. Apesar de não ter sido protegida pela própria mãe e de ter se tornado mãe em circunstâncias absurdas e dolorosas, Severina sempre protegeu os filhos. Nesse momento, insurgiu-se e disse que jamais permitiria que a filha passasse pela mesma violência que ela. Por ter resistido, apanhou por três dias seguidos e perdeu a audição em um dos ouvidos ao ter o tímpano estourado com um soco.

    No dia do crime, o pai amolou uma faca na frente de Severina, o que ela interpretou como uma ameaça. Ele deixou a faca na cozinha e saiu para trabalhar, dizendo que, quando voltasse, a filha-neta já deveria estar à disposição dele. Severina pegou todas as economias — mil reais — que tinha conseguido juntar vendendo fubá em uma feira. Procurou dois homens que sabia serem inimigos do pai, após brigas no passado, e lhes deu o dinheiro para que o assassinassem. O estuprador foi seguido pelos homens quando voltava para casa e foi morto com a própria peixeira, que ele já havia usado tantas vezes para ameaçar a filha.

    Severina foi presa no cemitério, durante o velório do pai, depois que a mãe e uma das irmãs, que estavam em casa quando ela recebeu os executores para acertar o pagamento e desconfiaram da situação, a entregaram para a polícia. Presa em flagrante, já que, conforme a legislação brasileira, caso ainda não tenham se passado 24 horas do crime, vale a lei do flagrante, ficou na cadeia por um ano, à espera de julgamento, sofrendo com a distância dos filhos, os quais foram abrigados na casa de uma tia. Ela trabalhou na prisão para diminuir a pena, caso fosse condenada.

Em 2006, com a Lei Maria da Penha, conseguiu a liberdade provisória. Como ex-presidiária, teve dificuldade para conseguir trabalho e passou fome. Só em 2011 foi acolhida por um Centro de Referência da Mulher, em Caruaru. Os Centros de Referência, criados e mantidos pelo governo federal, oferecem atendimento psicológico, social e orientação jurídica para mulheres em situação de violência. A partir dali, seu caso ficou conhecido, e ela passou a ser chamada por grupos de mulheres pelo Brasil para contar sua história.

Ainda em 2011, foi julgada e absolvida por unanimidade por ter agido em legítima defesa dela e de terceiros — os filhos. Passou a estudar sobre violência de gênero e entrou para um coletivo de mulheres para ajudar outras vítimas. Em 2018, Caruaru ganhou uma lei municipal que estabelece políticas públicas de enfrentamento à violência contra a mulher, como preferência na matrícula e transferência escolar dos filhos, garantia de encaminhamento à assistência social e prioridade em programas de habitação, emprego e renda. A nova norma ganhou o nome de Lei Dona Severina.

Úrsula não chegou a ir para a cadeia, mas, por lentidão da Justiça, passou dez anos até ter a primeira audiência com o juiz. Foi uma década de incerteza. Ela sofria ainda com o pavor de ser encontrada por companheiros do marido que pudessem querer vingar a morte dele. Nos primeiros anos, mudava de casa quase uma vez por mês. Já nem se dava ao trabalho de remontar os móveis. E ainda sofria com a culpa. Olhando de fora, parece claro que Úrsula tomou a única atitude possível naquele momento para salvar a própria vida e não deveria se sentir culpada, mas não é difícil imaginar e entender o conflito interno que uma pessoa de boa índole sofre ao tirar a vida de alguém.

Após o crime, Úrsula teve problemas com álcool. Quando escurecia e ficava com medo, começava a tomar cerveja e bebia até apagar. Chegou a procurar ajuda em uma terapia em grupo dedicada a vítimas de violência. Hoje, ela ri ao lembrar que a psicóloga achou melhor não atender Úrsula junto às outras mulheres para não ser uma "má referência". Acabou saindo do grupo e não fez mais acompanhamento psicológico, mas a igreja a ajudou a atenuar a culpa. O pastor reforçava que aquilo que Úrsula fez foi necessário para que ela e o filho sobrevivessem.

Ainda assim, ela hoje acredita que, se pudesse voltar no tempo, denunciaria o marido à corregedoria da PM e pediria proteção. Impossível saber se daria certo. As polícias militares pelo país são famosas pelo corporativismo, o que leva à dificuldade de agir contra seus integrantes. Úrsula lembra, inclusive, que chegou a desabafar com um colega de farda do marido e perguntou se a corporação poderia providenciar um tratamento psiquiátrico para Ronaldo. O PM a desaconselhou, dizendo que aí ele saberia que a mulher teria procurado ajuda e poderia se voltar contra ela. Depois do crime, o irmão de Úrsula foi ao batalhão resolver questões práticas de pensão para o sobrinho e outros PMS questionaram por que Úrsula não denunciou o marido lá — ao que o irmão retrucou: "Para quê? Para chegar em casa, ser espancada de novo ou até ser morta?".

Após o crime, Úrsula retomou os estudos a conselho do advogado, que lhe disse que isso a ajudaria no processo. Ela sempre quis fazer faculdade, mas o marido falava que a esposa era um zero à esquerda e estudar seria perda tempo. Úrsula começou a cursar direito e, depois, migrou para serviço social e se formou. Hoje, estuda teologia. A casa onde o crime aconteceu era de Ronaldo e passou para o nome do filho. Durante muito tempo, Úrsula não conseguia passar nem mesmo na rua onde um dia havia vivido. Quando ia visitar parentes ali perto, fazia um caminho mais longo para desviar da casa onde tanto sofreu e chegou a uma atitude tão extrema. Entretanto, após alguns anos, Ronan insistiu que queria ir para a casa e Úrsula concordou. Ao entrar lá, reviveu o casamento, os primeiros anos bons, o início das agressões, o nascimento do filho, o desespero para protegê-lo, o sentimento de não ter saída. Foi um processo de readaptação, mas ela acabou, por fim, deixando o filho já maior de idade morando ali e se mudou — por uma ótima causa.

Nem Úrsula, nem nenhuma outra vítima de violência doméstica precisam de um novo e bom relacionamento para dar a tão necessária volta por cima, mas fico feliz em saber que ela tem hoje a chance de viver uma história de amor e paz. Encontrei Úrsula na casa onde mora com Sérgio, em Nova Iguaçu. Algum tempo depois que Ronaldo morreu, Úrsula precisou ir ao banco em que o marido tinha conta para resolver questões burocráticas. Sérgio trabalhava lá como vigilante e se encantou com aquela cliente que foi lhe pedir uma informação. Ele, então, decidiu, na cara dura, convidar Úrsula para sair. Seja em caso de morte ou não, todo fim de relacionamento envolve um luto. No caso de vítimas de violência doméstica, esse é um luto que começa ainda durante a relação, quando a mulher já está em profundo sofrimento. Não é fácil voltar a se envolver com alguém depois de um relacionamento traumático, de forma que Úrsula aceitou o convite de Sérgio com cautela. Foram três meses de encontros e muita conversa até que passaram a primeira noite juntos. Úrsula teve, então, uma crise de choro e confessou que havia matado o ex-marido. Quando, mesmo assim, Sérgio ligou para ela no dia seguinte, Úrsula sorriu e disse que ele era um homem de coragem.

No dia da nossa conversa, enquanto Úrsula relatava tudo o que tinha passado, Sérgio ficou o tempo todo ao lado da esposa, fazendo-lhe carinho nos momentos em que ela se emocionava. Não largou sua mão em nenhum momento. Úrsula me contou com orgulho sobre a rotina simples dos dois. Disse que todos os dias é Sérgio quem acorda mais cedo para preparar café da manhã para ela e que Ronan é muito próximo de ambos e, sempre que chega para visitá-la, dá um beijo na careca do padrasto. Há um piano na casa, e Úrsula voltou a tocar. Ela e Sérgio estão juntos há treze anos.

Úrsula criou o filho, casou de novo, terminou a faculdade e, só depois disso tudo, veio a definitiva libertação do passado. Apenas em 2018 ela teve a primeira audiência na Justiça sobre a morte do marido. Nesses dez anos, as audiências eram sucessivamente adiadas. Úrsula chegava a comparecer ao fórum e lá era informada do adiamento, sem nenhuma explicação. E a Justiça que tarda falha. A morosidade causa descrédito na instituição, evidencia a desigualdade, em que processos andam mais rápido para quem tem mais recursos, e é capaz de deixar uma vida em suspenso. Por um lado, Úrsula sentia o alívio de ganhar tempo para ver Ronan crescer. Por outro, a espera por uma resolução era angustiante. À medida que o tempo passava, vinha a certeza de que não seria presa. Era ré primária, tinha endereço fixo, se apresentou à polícia e tinha testemunhas de que era vítima de violência. Entretanto, ela precisava ouvir isso dos lábios do juiz. Na sessão, Ronan, então com dezessete anos, prestou um depoimento doloroso, contando das agressões a que assistiu e das que sofreu. Mostrou as cicatrizes que tem até hoje.

Os crimes de homicídio doloso no Brasil normalmente vão a júri popular, porém quem decide qual encaminhamento o caso irá tomar é o juiz em uma audiência prévia. E, na de Úrsula, o magistrado usou o poder a ele conferido de absolvê-la de todas as acusações e encerrar o caso ali. A absolvição é uma prerrogativa do juiz quando ele considera que não há provas o suficiente, quando o réu é inimputável, como no caso de portadores de doença mental, ou quando o magistrado entende que o crime era a única alternativa de sobrevivência para o réu. Na audiência, o juiz disse que era um absurdo Úrsula ter esperado tanto tempo para ter seu destino definido. Esse é o momento da narrativa em que ela mais se emociona e que ficou gravado para sempre em sua memória. A tarde caía quando Úrsula saiu do Tribunal com as palavras do juiz ecoando em sua cabeça: "Eu a absolvo sumariamente. A senhora pode ir cuidar da sua vida".

9

Mas é isso que acontece em família?

Nascida e criada na Bahia, Madalena tem 64 anos e nunca deu um mergulho no mar. Estamos conversando em frente à praia do Rio Vermelho, em Salvador, em um dia bonito de sol, e ela me conta que, no máximo, chegou a molhar os pés na água salgada. Ir à praia foi um de seus muitos desejos negados desde a infância. As vontades mais simples, como usar um jeans rasgado, e os direitos mais fundamentais, como aprender a ler e escrever, foram solapados por um tipo de violência tão escancarado na sociedade que acaba se tornando invisível.

Madalena tinha oito anos quando saiu da casa onde morava com os pais e nove irmãos no interior para viver com uma família de classe média na capital. O roteiro é o mesmo para muitas meninas que vivem na pobreza. Sem condições de sustentar as filhas, os pais veem a oportunidade de um futuro melhor para elas, com garantia pelo menos de casa e comida. Já as pessoas que levam essas meninas enxergam alguém que fará os trabalhos domésticos sem remuneração, sem regras, sem direitos. Muitas acreditam ou dizem acreditar que são, de fato, beneméritas e que criam essas meninas como se fossem "da família". São crianças que, desde cedo, fazem trabalhos braçais como a faxina, o preparo das refeições e os cuidados com outras crianças, às vezes quase da mesma idade delas. Além da exploração, sofrem outras violências, de todos os tipos.

Madalena nunca foi à escola. Não sabe ler, e só o que consegue escrever é o próprio nome. Por mais de quarenta anos, viveu basicamente sem sair de casa, acordando diariamente às cinco da manhã para dar conta de todas as tarefas domésticas, fosse na moradia de Salvador ou no sítio que a família mantinha em Lauro de Freitas, na Região Metropolitana. Quando chegou, aos oito anos, essa família era composta do marido, da esposa e de uma bebê. Quando foi embora, cuidava da neta do casal. Nunca recebeu nenhum salário. A ela, eram dados apenas artigos de higiene pessoal e roupas usadas. Comia a mesma comida da família, mas só depois que todos se alimentavam. No sítio, ainda precisava cuidar das plantas, capinar e recolher folhas. Essa rotina ficava ainda mais pesada com as agressões físicas e verbais. Quando criança, pedia para ir à praia e ouvia da dona da casa que ela já era preta demais e não tinha que tomar mais sol. Também não podia ir ao cinema porque lá já era muito escuro. Quando falava que queria ser jornalista, ouvia: "Onde já se viu repórter preta desse jeito?". Era constantemente chamada de "lerda", "escrava", "*nêga* desgraçada". É um relato de partir o coração. Uma vida inteira insultada com ofensas racistas absurdas, sem ter recursos para se defender, sem ter quem a defendesse, sem ter outro lugar para onde ir. Chorando em vários momentos de nossa conversa, ela me conta também episódios de ameaças e violência física, com tapas, empurrões e até estrangulamentos. São dores e traumas que Madalena revive a todo momento e que quase a levaram a uma tragédia ainda pior.

Dois anos antes de nosso encontro, em uma noite chuvosa de sábado, a dona da casa implicou com Madalena porque ela estava sentada no sofá da sala. Muitos xingamentos depois, resolveu expulsá-la da residência. Ela chorou, pediu para ficar e disse que não tinha para onde ir, mas só teve tempo de pegar alguns pertences antes de ser tocada para a rua. Desorientada, caminhou até a porta de um mercado que ainda estava aberto. Seu estado chamou atenção dos clientes e funcionários. Uma moça perguntou se ela estava com fome e providenciou uma quentinha. Madalena comeu um pouco e, então, percebeu que tinha uma nota de cinco reais no bolso. Pensou em se matar. Entrou no mercado e comprou uma garrafa de água sanitária. Pagou, sentou na calçada, abriu a garrafa e se preparava para beber o conteúdo quando foi impedida por um funcionário do mercado que viu a cena. Tentou voltar para a casa onde vivia e acabou acolhida por uma família vizinha, que resolveu denunciar o caso.

A herança escravocrata no Brasil é tão forte que histórias de terror como a de Madalena foram incorporadas no dia a dia da sociedade. Quantas famílias de classe média ou alta já não tiveram ou ainda têm aquela empregada que é "como se fosse da família", mas nem de longe o é. Na prática, é uma funcionária com direitos desrespeitados a partir dessa falsa premissa. No caso de meninas que chegam ainda pequenas para trabalhar nessas casas, a maioria cresce sem conhecer nenhuma outra realidade. Não têm folgas, feriados ou férias; os passeios e viagens são sempre acompanhando aquela família com a mesma condição de se ocupar de tarefas domésticas. Não existe uma jornada de trabalho; estão sempre à disposição. Muitas não recebem salário. São características inequívocas de trabalho em ambiente doméstico em situação análoga à escravidão, um crime que só recentemente começou a ser entendido como tal no Brasil.

O primeiro resgate de uma empregada doméstica nessas condições feito pelo Ministério do Trabalho aconteceu apenas em 2017. A partir daí, com a repercussão de alguns casos absurdos como o de Madalena, o número de denúncias vem crescendo ano a ano. Entre 2017 e 2023, foram 119 resgates. Em 60% dos casos, as vítimas eram mulheres negras. E, mais recentemente ainda, começou a se formar o entendimento de que a violência cometida contra essas mulheres também é passível de ser enquadrada na Lei Maria da Penha.

A Lei Maria da Penha fala claramente em qualquer violência no âmbito da unidade doméstica, compreendida como o espaço de convívio permanente de pessoas, com ou sem vínculo familiar, inclusive as esporadicamente agregadas. Já há uma jurisprudência firmada no Superior Tribunal de Justiça a favor da aplicação da Lei Maria da Penha em crimes contra empregadas domésticas. Em uma decisão de 2019, o STJ ressaltou que "o suposto agressor e a vítima partilhavam, em caráter diário e permanente, a unidade doméstica onde os fatos teriam ocorrido". Em outra decisão favorável à aplicação da Lei Maria da Penha em caso de violência contra uma empregada doméstica, o Tribunal de Justiça do Distrito Federal estabeleceu que "a situação de violência doméstica pressupõe que a ação ou omissão tenha motivação de gênero, em ambiente doméstico, e seja efetuada contra mulheres com ou sem vínculo familiar, inclusive as esporadicamente agregadas, incluindo-se nesse rol as empregadas domésticas". Essa decisão fala, inclusive, do enquadramento na Lei Maria da Penha por violência psicológica, citando que o denunciado "proferiu xingamentos típicos daqueles que desejam diminuir a condição feminina". A lei específica que regulamenta o trabalho doméstico prevê que o empregador possa ser enquadrado por violência doméstica se praticar algum delito previsto na Lei Maria da Penha.

Mais do que acrescentar uma tipificação penal, o enquadramento do trabalho doméstico análogo à escravidão dentro da Lei Maria da Penha proporciona o acesso das vítimas a outros direitos e a uma rede de atendimento já mais estruturada. No caso concreto de Madalena, por exemplo, ela foi recusada em um abrigo para vítimas de violência doméstica por considerarem que o espaço ali era apenas para mulheres agredidas por companheiros ou ex-companheiros. Ela acabou em um albergue para pessoas em situação de rua. Para atender a casos como os de Madalena, é preciso mais que o aparato existente para pessoas resgatadas de trabalho escravo, que são, na maioria, encontradas no campo e em fábricas. Após o resgate, os trabalhadores passam imediatamente a ter direito ao seguro-desemprego e, no primeiro pagamento, já recebem três parcelas, no valor de um salário-mínimo cada. Os fiscais também comunicam o caso ao Ministério Público do Trabalho e à Defensoria Pública da União, que passam a negociar a reparação aos trabalhadores. Isso pode ser feito por meio de um termo de ajustamento de conduta, em que o empregador assume a reparação dos danos e se compromete a se adequar às exigências da lei. Se não houver acordo, o caso vai para a Justiça. De uma ou outra forma, os empregadores são cobrados a pagar direitos trabalhistas negados e uma indenização por danos morais. O cálculo inclui salários, férias, décimo terceiro e Fundo de Garantia por Tempo de Serviço (FGTS) referentes a todo o período. No entanto, dificilmente o valor integral é pago. Na negociação, em geral o montante é reduzido para agilizar o pagamento e pode ainda ser parcelado. Essa realidade é ainda mais presente no caso de empregadas domésticas, em que os cálculos costumam ser elevados por causa do longo tempo de exploração, e a cobrança recai sobre famílias, pessoas físicas que muitas vezes não têm posses em valor suficiente para cobrir o que devem.

No caso de Madalena, foi fechado um acordo no valor de 100 mil reais, incluindo verbas trabalhistas e rescisórias e uma ação de danos morais. Em um cálculo grosseiro, Madalena teria direito a 1.850 reais por ano de trabalho, incluindo salários e todos os direitos trabalhistas. Isso é pouco mais do que o salário mínimo. Parte do valor a ser pago a Madalena ainda foi parcelado em 24 vezes. O ponto aqui, no entanto, é que, qualquer que seja o valor, a situação exige mais do que uma compensação financeira.

A promotora Lívia Vaz, do Ministério Público da Bahia, pontua que, no caso do trabalho doméstico, essas mulheres, mesmo que recebam algum dinheiro, não têm condições de se organizar sozinhas. Não sabem nem por onde começar, como se locomover nas cidades, arrumar um lugar para morar, e, dificilmente, podem contar com alguém para ajudar, já que vivem uma rotina que as impede de criar vínculos de amizade ou amorosos com outras pessoas. Sem estudos nem traquejo, podem ser facilmente enganadas. Quando o caso de Madalena se tornou público, alguns parentes surgiram. Ela entregou parte do que recebeu a um sobrinho que prometeu administrar os recursos, mas sumiu com o dinheiro.

A Universidade Federal de Minas Gerais, por meio de sua Clínica de Trabalho Escravo e Tráfico de Pessoas, analisou autos de infração fornecidos pelo Ministério do Trabalho e concluiu que a vítima de trabalho doméstico escravo no Brasil é basicamente mulher e negra. A pesquisa escancara vários pontos de vulnerabilidade. Das pessoas resgatadas, 40% eram analfabetas, sendo que 27% jamais frequentaram a escola. Entre elas, 80% já tinham mais de sessenta anos quando foram resgatadas — o que já torna mais difícil uma retomada, ou o início dos estudos, assim como uma recolocação no mercado de trabalho. A duração média de tempo na condição análoga à escravidão é de longos 26 anos. Ainda segundo a pesquisa, 57% nunca tiveram uma carteira de trabalho. A assistência social, como prevista na Lei Maria da Penha, mostra-se fundamental para a construção de uma nova realidade.

Outra necessidade fundamental contemplada na Lei Maria da Penha é a de atendimento psicológico. Além dos traumas provocados por todas as violências sofridas, há uma infantilização dessas mulheres, pessoas que nunca puderam viver com alguma independência. Em minha conversa com Madalena, tão doce e tão frágil, tive por vezes a nítida sensação de que ela parou no tempo, nos oito anos que tinha quando foi levada da casa dos pais. E, em uma faceta ainda mais perversa dessa situação, aquelas pessoas que foram seus algozes são suas únicas referências de afeto. Após décadas reduzidas a ser um apêndice de outras vidas, muitas vítimas se apegam às famílias, especialmente quando há crianças que elas criam e de que cuidam por muitos anos. Elas ainda são induzidas a sentir gratidão por terem sido retiradas da pobreza e receberem comida e um lugar para morar. Na ausência do convívio com outras pessoas, acreditam na falácia de que são "da família", sem a compreensão do que seja uma família de verdade.

Valdirene viveu uma história muito semelhante à de Madalena. Também vivia na zona rural da Bahia e, igualmente aos oito anos de idade, depois que o pai abandonou a mulher e quatro filhas, foi entregue pela mãe a uma família de classe média baixa, que, apesar das limitações, podia oferecer casa e comida à menina. A promessa era de que Valdirene iria estudar e brincar com os filhos dos patrões, um menino e uma menina em idades próximas à dela. No entanto, ela ficou nessa casa até os doze anos sem pisar na escola e fazendo todo o trabalho doméstico. Era tão pequena que precisava subir em um banco e ficar de joelhos diante do fogão a lenha para conseguir mexer as panelas. E a crueldade ia além. O patrão ainda abusava sexualmente de Valdirene. Uma noite, a patroa ouviu o choro da menina e encontrou o marido no quarto dela. Ele disse que tinha entrado ali por engano. No dia seguinte, pressionada pela patroa, a menina contou dos estupros. Levou uma surra da mulher e foi devolvida para a casa da mãe. Entretanto, não permaneceu por muito tempo.

Valdirene foi enviada para trabalhar em outra casa em uma cidade próxima, Camacã. Lá, uma irmã da dona da casa que morava em Salvador conheceu Valdirene durante uma visita e a convidou para ir para a capital. Ela morava com duas filhas adultas e um neto de oito meses de vida e precisava de ajuda. Como quase sempre acontece, prometeu que Valdirene frequentaria a escola. A menina se animou com a proposta, mas a mãe não autorizou por ser muito distante. Enxergando ali uma grande oportunidade de melhorar de vida, Valdirene disse para a futura patroa que iria mesmo assim. A mulher também não se incomodou em levar uma criança mesmo sem a autorização de algum responsável — comprou uma passagem de ônibus para Salvador e deu para Valdirene, que separou algumas roupas, escondeu no mato e, em um momento de distração da mãe, pegou a trouxa e fugiu de casa. Ao chegar na rodoviária, com doze anos e sem autorização de um dos pais, foi impedida de embarcar. Telefonou para a nova patroa, que a orientou a procurar um funcionário da empresa de transporte. Esse homem simplesmente colocou Valdirene no bagageiro do ônibus, e assim ela foi até Salvador. Ela passou as nove horas da viagem no meio das malas e das bolsas, sacudindo com a trepidação próxima ao chão. Ao chegar à capital, foi retirada no setor de carga e descarga por outro funcionário da empresa e levada até a nova patroa, que a esperava no carro. Com toda a ilegalidade da situação, a mulher achou por bem esconder Valdirene no porta-malas e, assim, a levar para casa.

Aos doze anos, Valdirene assumiu todas as tarefas da casa, mais os cuidados com o bebê, e ainda ajudava com o trabalho da patroa, que fornecia quentinhas para a construção civil e mantinha em casa uma pequena confecção de saídas de praia. No primeiro mês de trabalho, quase não acreditou quando recebeu setenta reais de salário, o primeiro pagamento de sua vida. Já estava fazendo planos de comprar cadernos e livros quando a patroa pediu o dinheiro de volta porque precisava comprar lentes de contato para uma das filhas, que usava óculos e queria as lentes para participar de um concurso que escolheria uma nova dançarina para um grupo baiano de pagode. O argumento era de que Valdirene não precisava gastar dinheiro com nada e a patroa prometeu que ela mesma juntaria o dinheiro e entregaria tudo quando a menina fosse embora dali algum dia. Valdirene nunca mais viu nenhum centavo. E também não foi mandada para a escola.

Foram meses pedindo, insistindo e ouvindo que não poderia estudar por problemas em sua documentação que estavam sendo resolvidos. Era preciso ter paciência. Ao final de dois anos, Valdirene não tinha mais paciência nem esperança e pediu para voltar para o interior. A resposta da mulher foi instalar uma grade que isolava parte da área de serviço do restante da casa. Durante o dia, Valdirene circulava pelo apartamento limpando, lavando e cozinhando. À noite, era trancada no espaço do quarto e do banheiro dos fundos. A então adolescente, com quatorze anos, foi mantida em cárcere privado. Inconformada, tentou se recusar a trabalhar. Passou a ser agredida e fazer as tarefas domésticas à base de chutes, tapas e puxões de orelha e de cabelo. Uma amiga que frequentemente visitava a dona da casa insistia que a menina deveria ser mandada de volta para o interior, mas a patroa respondia que seria ela quem decidiria quando Valdirene sairia dali.

Em um requinte de crueldade, quando a época das festas juninas se aproximava, a patroa disse que iria visitar a irmã no interior e, então, levaria a adolescente. Valdirene voltou a fazer o serviço da casa com empenho e deixou uma mochila arrumada com os poucos pertences que tinha. No dia da tão esperada viagem, a patroa mandou que ela pegasse suas coisas, o que a adolescente fez na maior animação. Do quarto, porém, ela ouviu o som do cadeado. Quando voltou, estava trancada novamente, e a patroa já havia saído de casa.

Naquele espaço, Valdirene não tinha acesso nem à cozinha. Entrou em desespero, até que apareceu uma vizinha. Entretanto, ela não foi ali para ajudar — ou, pelo menos, não muito. A pedido da patroa, a mulher iria todos os dias para lhe levar água e um pacote do biscoito baiano Tupy com goiabada para que não morresse de fome ou sede. A mulher aparentava estar penalizada e, dia após dia, dizia que queria ajudar, mas tinha medo de perder a amizade da vizinha.

Aqui, dois pontos chamam a atenção. Um deles é que, na violência doméstica contra empregadas domésticas, temos a situação incomum de ver mulheres no papel de agressoras, já que são elas que costumam se encarregar das questões da casa. Em geral, são mulheres brancas escravizando negras. Outro ponto é a assustadora conivência das pessoas com violações absurdas. Quando Madalena foi resgatada, fiscais do Ministério do Trabalho conversaram com vizinhos e parentes dos criminosos, e todos confirmaram que viam Madalena ser maltratada e xingada, percebiam que ela nunca folgava e que trabalhava do começo do dia até tarde da noite. Uma vizinha mais antiga se lembrava de Madalena pequena precisando de um banquinho para alcançar a pia e lavar os pratos. Uma prima da dona da casa relatou que viu Madalena ser empurrada e ofendida e que ela sempre chorava nesses momentos. Foram várias as testemunhas da violência psicológica, da exploração infantil e dos abusos nas condições de trabalho, durante anos. Mesmo assim, essas pessoas nunca protestaram ou cogitaram chamar a polícia ou uma fiscalização. No caso de Valdirene, a vizinha, inclusive, foi cúmplice do crime de cárcere privado — e, ainda por cima, contra uma adolescente. No entanto, a maior preocupação dela era não se indispor com a moradora do apartamento ao lado do seu. Essa naturalização de situações a que meninas e mulheres, principalmente negras, são submetidas contamina toda a sociedade e explica, em parte, por que a investigação criminal dos casos de trabalho doméstico escravo é tão difícil. Os próprios agentes da polícia e da Justiça também estão familiarizados com essa exploração. Só há algum avanço em casos que têm grande repercussão, mas o máximo a que se chegou até hoje foi a uma condenação em primeira instância. A primeira instância é a porta de entrada do Judiciário, onde se inicia e é julgada a maioria dos processos. Nessa etapa, o juiz toma a decisão sozinho. Caso o réu não concorde com a sentença, pode entrar com recurso, e o processo vai para a segunda instância, em que a decisão é tomada por um colegiado formado pelos desembargadores do Tribunal de Justiça. Há, ainda, a possibilidade de recurso a uma terceira instância, na qual estão os tribunais superiores, como o Supremo Tribunal Federal e o Superior Tribunal de Justiça. Mesmo com a comprovação do crime pela fiscalização e a aplicação de medidas de reparação, ninguém foi preso no Brasil por manter uma empregada doméstica em situação análoga à escravidão.

Voltando à história de Valdirene, depois de quatro dias, a vizinha conseguiu achar um meio de aliviar seu sentimento de culpa e permitiu a fuga da menina. Para não se comprometer, ela diria à patroa da menina que havia deixado o cadeado aberto por descuido. Valdirene conseguiu carona no primeiro ônibus que passou na rua e foi ao final da linha, no bairro de Federação. Lá, encontrou um policial, contou sua história e pediu ajuda. Mesmo diante do relato de uma adolescente mantida em cárcere privado e agora abandonada à própria sorte na rua, o policial disse que nada poderia fazer e a orientou a procurar o Sindicato das Empregadas Domésticas. Acrescentou, ainda, que ela encontraria o lugar, pois "quem tem boca vai a Roma". Assim, perguntando para as pessoas que encontrava na rua, Valdirene encontrou a sede do Sindicato, onde disseram que ela deveria voltar para a casa e que o Ministério Público e o Conselho Tutelar seriam acionados para fazer o resgate. Valdirene voltou. Foram mais 45 dias esperando sem que ninguém aparecesse. A patroa retornou da viagem e nem soube da fuga.

Valdirene decidiu, então, voltar a trabalhar de boa vontade, fingindo que estava conformada, para ganhar a confiança da dona da casa. Assim, voltou a circular até pela garagem do prédio, onde ajudava a levar as quentinhas até o carro. Em um desses dias, um vizinho entrou na garagem bem na hora em que Valdirene estava sozinha carregando o porta-malas. Ela aproveitou o portão aberto e saiu correndo pela rua só com a roupa do corpo: uma blusa vermelha e saia jeans, como ela lembra até hoje.

Sem saber para onde ir, foi mais uma vez ao único lugar que conhecia: o Sindicato das Empregadas Domésticas. Dessa vez, a então presidente do sindicato, Creuza Oliveira, a levou pessoalmente ao Conselho Tutelar. Creuza é uma liderança emblemática na luta pelos direitos das empregadas domésticas. Também começou na profissão quando criança, aos dez anos. Nos anos 1980, passou a integrar um grupo de discussão sobre os direitos dos trabalhadores domésticos. Foi uma das fundadoras da Associação das Empregadas Domésticas da Bahia — como a profissão não era reconhecida na época, a associação não poderia ser um sindicato. Depois do reconhecimento na Constituição de 1988, participou da fundação e foi a primeira presidente do sindicato da categoria. Como ativista, recebeu vários prêmios e reconhecimentos, incluindo o título de doutora *honoris causa* pela Universidade Federal da Bahia. Naquele ano de 1996, Creuza decidiu assumir os cuidados de Valdirene e ficou responsável por ela. Levou-a para morar em sua casa e a matriculou na escola. Depois de tantas promessas mentirosas, a tão sonhada oportunidade de estudar chegou para Valdirene por meio de outra empregada doméstica. Com tanto a resolver, as duas acabaram não denunciando a patroa, que assim não sofreu qualquer punição, nem mesmo o incômodo de ser chamada a depor. Ela e Valdirene nunca mais se viram.

Conheci Valdirene e sua história quando fui ver a nova casa de Madalena. As duas moram em um mesmo conjunto habitacional que destina moradias exclusivamente para domésticas — um projeto idealizado por Creuza e construído depois de sete anos de luta do sindicato junto ao poder público. Madalena estava no meio de uma obra, ainda botando o piso e fazendo a pintura do apartamento de sala, dois quartos, cozinha, banheiro e área de serviço. Já tinha quase todos os móveis, comprados com o dinheiro de uma vaquinha na internet, organizada logo depois que o caso foi noticiado.

Sentamos a uma mesa com duas cadeiras em um dos cômodos. A conversa alternou planos para o futuro e o choro por conta do passado. Em certo momento, estendi as mãos para Madalena, mas ela disse que sentia agonia em me dar as mãos por causa da diferença da nossa cor de pele, "que a dela era pior". Levantei e lhe dei um abraço, sentindo uma tristeza profunda pelo sentimento de inferioridade enraizado em Madalena após tantos anos sendo vítima de racismo e tantos tipos de violência. Madalena repete por diversas vezes o quanto queria ter estudado. Diz que, hoje, as letras não entram na cabeça dela. O desamparo e a impotência são concretos na vida de quem não consegue decodificar nada a sua volta, mas a experiência de uma vida em liberdade, em paz, começa a trazer sonhos possíveis.

Torcedora entusiasmada do Bahia, Madalena sonhava ver um jogo de perto e conhecer a Arena Fonte Nova. As próprias fiscais trabalhistas que fizeram o resgate a levaram. Uma corrente de solidariedade também a levou ao primeiro show de música de sua vida, e ela tirou até uma foto com Ivete Sangalo, que me mostra, orgulhosa. Fez amigas no novo condomínio que a acolheram para dormir e tomar banho em suas casas durante o período de obras. Estava contando os dias para chamar todas elas para a inauguração do novo e inédito lar.

Um mês depois de nosso encontro, recebo de Madalena fotos pelo WhatsApp: a casa nova estava pronta, arrumada com capricho, com o detalhe comovente de arranjos de flores em absolutamente todos os cômodos, até no banheiro. E ela já começou a receber visitas. De vez em quando, nos falamos por telefone, sempre aos domingos. São conversas alegres, repletas de risos. Madalena tem uma risada deliciosa.

10

Ele expôs minha intimidade

Mariana tem dezesseis anos e está vivendo essa fase da adolescência de forma atípica. Não vai a festas, não tem redes sociais nem amigos. Pior, nem mesmo frequenta a escola. Passa os dias dentro de casa, e o máximo que faz é ajudar nos cuidados com o irmão recém-nascido. Ela diz que sua vida simplesmente parou depois de ter sua intimidade exposta na internet.

Aos quatorze anos, iniciou um namoro com Caio, um menino que estudava na mesma escola que ela. Com algum tempo de relacionamento, os dois começaram a ter relações sexuais. Algumas vezes, filmaram a si próprios usando o celular. Ambos tinham os vídeos. Até que um dia, do nada, Caio disse para a namorada que havia recebido pelo Instagram uma proposta de alguém que queria comprar os vídeos. Mariana ficou atônita, os dois brigaram e ela disse que não permitiria que ele fizesse aquilo.

Após dois anos, o relacionamento chegou ao fim e, pouco tempo depois, Mariana foi alertada por colegas da escola de que vídeos dela fazendo sexo com o então namorado estavam circulando em grupos de WhatsApp. Ela questionou Caio, que primeiro negou e, depois, confessou que havia encaminhado um vídeo para uma pessoa. Essa é a grande questão no que diz respeito às violências praticadas no ambiente virtual. Um vídeo ou uma foto, depois de cair na internet, se espalha rapidamente. Não há como evitar isso. As imagens circulam para sempre. Mesmo que haja um trabalho da polícia e da Justiça de ir atrás do culpado ou culpados e determinar que arquivos sejam apagados, é impossível alcançar toda a cadeia de compartilhamentos. É uma violência irreversível.

    A divulgação de imagens íntimas sem autorização é um dos tipos de violência moral, definida como qualquer conduta que configure calúnia, difamação ou injúria. Também entram aqui as humilhações públicas, os xingamentos e a disseminação de mentiras. É um tipo de crime que costuma vir acompanhado da violência psicológica, já que reúne atitudes que também impactam a saúde emocional da vítima. No caso de vazamento de imagens de sexo ou de nudez, o ato é sempre um crime quando se trata de menores de idade. Apenas adultos podem autorizar a divulgação da própria imagem em conteúdos sexuais. Caso não haja essa autorização, aí é configurado o crime. E, se as imagens forem divulgadas sem autorização com o objetivo claro de expor quem aparece nas fotos ou vídeos, o infrator comete ainda outro tipo de delito. Desde 2018, a lei de importunação sexual tipifica como crime trocar, enviar, vender ou publicar, por qualquer meio, cenas de sexo, nudez ou pornografia sem o consentimento dos retratados. A pena é de um a cinco anos de reclusão e pode ser aumentada de um a dois terços se o criminoso tiver mantido relação íntima com a vítima ou usado a divulgação para humilhá-la. É a chamada pornografia de vingança, que geralmente acontece quando uma mulher termina o relacionamento e o ex-parceiro, inconformado, resolve divulgar imagens íntimas dela como forma de retaliação. No caso de menores de idade, como Mariana, é ainda mais grave. O ECA prevê pena de quatro a oito anos de reclusão para quem produzir, reproduzir, dirigir, filmar ou registrar cenas de sexo explícito ou com teor pornográfico que envolva crianças ou adolescentes de até dezoito anos. Quem serve de intermediário para facilitar o crime, recrutando ou coagindo menores, por exemplo, está sujeito à mesma pena. Vários artigos do ECA deixam claro que qualquer situação que envolva esse tipo de material é crime — incluindo montagens. Inclusive, ter ou armazenar imagens de menores com conotação sexual pode render ao infrator uma punição de um a quatro anos atrás das grades. Se o criminoso for menor de idade, são aplicadas medidas socioeducativas que podem chegar à restrição de liberdade.

    Esse tipo de crime tem se tornado comum, principalmente no ambiente virtual, tendo como vítimas mulheres de todas as idades, embora os alvos principais sejam meninas e adolescentes, que estão menos preparadas para evitar e lidar com a exposição. São casos que podem acabar em tragédia.

Isso foi o que aconteceu com uma adolescente de dezesseis anos, mesma idade de Mariana, moradora da Serra Gaúcha, que tirou a própria vida. O namorado, colega da mesma turma na escola, gravou imagens dela com os seios à mostra por uma webcam. Quando o relacionamento chegou ao fim, ele espalhou as fotos pela internet. A menina foi avisada por uma amiga, e poucas horas depois encontraram seu corpo sem vida na casa onde vivia com a família. Em outro caso, esse ocorrido no Piauí, uma adolescente também de dezesseis anos se matou depois que circulou na internet um vídeo com imagens de uma relação sexual entre ela, um homem e outra adolescente. Pouco antes de morrer, ela postou em sua conta no Twitter frases de despedida e pedidos de desculpas ao pai e à mãe. É impossível imaginar a dor desses pais, que não souberam da história a tempo, não tiveram a chance de conversar, agir e tentar evitar um desfecho tão trágico.

Essa, porém, é uma realidade aterradora: os suicídios são recorrentes em casos de exposição virtual que envolvem adolescentes. Por conta da culpa e do medo da reação dos pais, elas acabam não pedindo socorro a quem mais poderia ajudar.

Em outubro de 2023, quando participei de um seminário do Instituto Liberta e do jornal *Folha de S.Paulo* sobre violência virtual contra crianças e adolescentes, compartilhei o palco com a promotora de Justiça do Paraná Tarcila Teixeira, autoridade em proteção dos direitos fundamentais de crianças e adolescentes e especialista em práticas de coleta de depoimentos de crianças e adolescentes, com atuação na área de infrações penais contra crianças, adolescentes e idosos. Na ocasião, ela contou o caso de uma menina de classe média chantageada ao longo de cinco anos para que fornecesse material pornográfico a um agressor sexual. Tratava-se de um homem que ela nunca tinha visto pessoalmente e que se aproximou usando um perfil falso nas redes sociais, no qual ele parecia ser um adolescente bonito de quatorze anos. A menina, na época, tinha doze e acreditou na conversa do criminoso, que disse que a tinha visto na saída da escola e a achado linda. A partir daí, os dois começaram a conversar. Primeiro, ele pediu fotos do rosto da menina e, depois, de corpo inteiro, de pijama e em poses mais sensuais.

Quando a menina achou que deveria parar, ele começou a ameaçar enviar as fotos para toda a família dela. A esse ponto, ela não havia ainda enviado nenhuma imagem sem roupa, mas já se sentia culpada e com medo de ser castigada se os pais descobrissem que estava conversando e enviando fotos para um estranho. A promotora Tarcila explicou que, na maioria das vezes, os abusadores começam as chantagens mesmo sem ter nada muito comprometedor em mãos. Entretanto, por conta da imaturidade, do medo dos pais e de um sentimento de culpa, crianças e adolescentes acabam obedecendo às instruções dos criminosos.

Ao perceber que a chantagem estava funcionando, o abusador da menina passou a exigir fotos e vídeos ainda mais ousados. E, se há algo que esses criminosos sabem fazer, é ser insistentes. Pressionada, ela foi cedendo e entrou em uma espiral, fornecendo imagens onde estava cada vez mais exposta e, assim, cada vez com mais razões para ter medo de que tudo viesse à tona. Ao longo desses cinco anos, ela entrou em depressão, começou a se cortar e tentou tirar a própria vida ingerindo comprimidos. Os pais a encaminharam para que iniciasse um tratamento de psiquiatria e de psicologia, mas se desesperaram ao perceber que nada disso surtia efeito, sem suspeitar do que estava por trás da depressão da filha. Somente aos dezessete anos, mais madura e munida de mais informação, e incapaz de lidar com tanto sofrimento, a adolescente contou aos pais o que estava acontecendo. Eles acionaram a polícia e, por meio da quebra de sigilo do computador da menina, os agentes verificaram de onde partiam as mensagens e chegaram ao agressor. Quando foi finalmente preso, o homem tinha cerca de trezentos arquivos de mídia produzidos apenas pela menina. No computador dele, foram encontradas, ainda, imagens de outras crianças e adolescentes que eram explorados.

Ao ouvir relatos como esse, muitos pais pensam que já orientaram seus filhos e que eles jamais teriam conversas desse tipo com um estranho, que nunca mandariam fotos. No entanto, isso acaba acontecendo com muita frequência, pois, em um primeiro momento, tudo parece um contato totalmente inocente. E, assim, crianças e adolescentes de famílias estruturadas, com pai e mãe presentes, sofrem abusos no ambiente virtual, onde, como na vida real, há inúmeras pessoas perigosas como pedófilos, psicopatas e golpistas.

Perceber quando esses abusos estão acontecendo, seja presencialmente ou na internet, implica observação. O principal termômetro é a mudança abrupta de comportamento sem uma causa aparente. Assim, a criança ou o adolescente que era falante se fecha e não quer mais nem encontrar os amigos. Quem era tranquilo se torna explosivo. Vítimas podem também começar a usar roupas sensuais precocemente, ter dificuldade para dormir ou voltar a fazer xixi na cama. Há ainda as que desenvolvem sintomas autodestrutivos, como transtornos alimentares, ideação suicida e automutilação — neste último caso, as vítimas passam a usar roupas compridas mesmo em dias de calor para esconder as marcas. Os sintomas variam de acordo com o entendimento que a vítima tem do crime e com o grau da violência.

A promotora Tarcila Teixeira explica que, como menores de idade têm geralmente dificuldade de contar o que está acontecendo, as mudanças bruscas são uma forma de chamar atenção e pedir socorro. A primeira medida que os pais devem tomar ao descobrirem um abuso é registrar a queixa em uma delegacia de polícia — o ideal é dar preferência a uma especializada no atendimento a crianças e adolescentes, mas, se não houver alguma na região, qualquer delegacia pode apurar o caso. Quando os pais não têm certeza, mas desconfiam, a conduta é procurar um atendimento psicológico. Psicólogos têm ferramentas para avaliar a situação e estabelecer uma conversa para que a criança ou o adolescente consiga contar o que está acontecendo.

É preciso, porém, observar o outro viés dos abusos ocorridos na internet. Os agressores também podem ser menores de idade. Na Segunda Vara da Infância e da Juventude do Rio de Janeiro, onde trabalha, a juíza Vanessa Cavalieri observa uma mudança no perfil dos menores infratores. Os adolescentes de classe média cometem cada vez mais crimes — e são, em geral, enquadrados justamente por conta de infrações cometidas on-line ou por meio do uso de tecnologia e ligadas à violência de gênero. São jovens com família, alunos de boas escolas, com acesso à informação, e que ainda repetem conceitos machistas e misóginos. Em um caso de pornografia de vingança, a juíza ouviu de um adolescente com esse perfil que ele havia espalhado uma foto íntima de uma ex-namorada para que todo mundo soubesse "que tipo de menina ela é". Segundo ele, um tipo que "não é para namorar", o que demonstra uma mentalidade antiquada e perigosa, que oprime e humilha meninas e que eu acreditava que já estaria extinta no século XXI.

Identificar meninos que são agressores on-line não é tarefa fácil — assim como no caso das vítimas, os pais custam a cogitar que seu filho possa estar envolvido em atos tão violentos. Entretanto, há um sinal muito comum a ser observado: a necessidade de estar sempre sozinho para acessar a internet e ficar por horas a fio conectado. É um comportamento quase clandestino. Muitas vezes, porém, esse comportamento cruel serve para ocultar sentimentos como insegurança e timidez na vida real, que causam uma espécie de reação bárbara na liberdade fornecida pela vida on-line. No entanto, definitivamente, aquele menino que se isola no quarto para passar horas e horas no celular ou no computador e que se esquiva de acessar a internet perto de outras pessoas precisa ser acompanhado mais de perto pelos pais.

Sabendo que dificilmente a família de um agressor vai procurar as autoridades, a orientação dos especialistas para os pais é que passem a controlar o uso da internet e procurem a ajuda profissional de psicólogos para que o filho entenda mais sobre responsabilidade e as consequências de seus atos. Os pais precisam ter em mente que o filho agressor também está em risco, porque está cometendo um crime.

Também é preciso focar a educação dos jovens. Há tempos, a violência de gênero é um assunto que só é discutido com as meninas — e de maneira equivocada. Elas são o tempo todo ensinadas a "se proteger", como se a responsabilidade de prevenir atos de violência de gênero fosse delas. O que falta é educar os meninos sobre igualdade e respeito às mulheres e, até mesmo, nas situações mais triviais. O mais comum ainda é ver meninos crescerem com mais privilégios, enquanto as meninas têm que ajudar nas tarefas de casa. Mesmo em lares mais progressistas, os meninos têm muito mais liberdade. As meninas, por sua vez, como enfrentam mais riscos em uma sociedade machista, são cerceadas por um medo justificado das famílias e, assim, o ciclo se retroalimenta.

A promotora Tarcila Teixeira acredita que falta tirar esse assunto da invisibilidade. É necessário falar abertamente em família sobre a violência contra as mulheres, e isso começa com a quebra da ideia de que os meninos podem fazer de tudo e que as meninas têm menos direitos. Cabe aos pais e à escola falar sobre respeito ao corpo e às escolhas da mulher e esclarecer que maior força física não significa superioridade — algo óbvio, mais que ainda gera muitas ideias equivocadas. A juíza Vanessa Cavalieri lembra, ainda, do poder do exemplo. É difícil esperar respeito de meninos que crescem em famílias nas quais homens são desrespeitosos, agressivos ou acreditam que suas mães, irmãs, namoradas e esposas têm a obrigação de servi-los e nas quais mulheres se submetem a isso.

Um caso ilustrativo com vítimas e agressores menores de idade aconteceu no Rio de Janeiro — uma cidade grande, onde, em tese, os habitantes deveriam ser mais modernos. Três alunos de uma escola de classe média alta fizeram montagens com as fotos de colegas que simulavam *nudes*. Com o uso da inteligência artificial, as imagens adulteradas pareciam, de fato, ser verdadeiras. Outros dezoito adolescentes receberam esses arquivos e muitos os compartilharam. A partir daí, as fotos chegaram a um sem-número de pessoas. As vítimas são meninas de quatorze e quinze anos de idade. Os pais das vítimas deram queixa na polícia. A Justiça apreendeu todos os celulares e computadores dos agressores, ouviu os pais e todos os envolvidos e, em breve, deve encerrar o caso. É curioso, porém, observar que alguns dos adolescentes envolvidos tinham irmãs que estudavam na escola. Fizeram montagens até com amigas delas, mas não com as próprias irmãs, em uma demonstração de que sabiam perfeitamente que aquilo não era uma simples brincadeira, mas, sim, um ataque.

O caso também evidenciou o despreparo da escola em lidar com as novas modalidades de crime do mundo digital — certamente, um despreparo da maioria das instituições de ensino, particulares e públicas. Em um primeiro momento, ao saber das imagens, a escola apenas chamou os responsáveis pelos adolescentes que fizeram as montagens para conversar. Nenhuma atitude prática foi tomada, e os garotos continuaram nas mesmas salas de aula que as vítimas, fazendo piadas sobre a situação enquanto elas tinham crises de ansiedade e choro em plena semana de provas. Só após a denúncia dos pais das meninas na delegacia e de o caso começar a ser coberto pela imprensa, a escola ofereceu apoio psicológico às vítimas e anunciou que iria mudar os agressores de turma, além de iniciar um projeto de educação pedagógica sobre comportamentos inaceitáveis no ambiente virtual. O fato de ser montagem pouco ameniza o sofrimento das meninas. Na época, a mãe de uma das adolescentes agredidas contou que argumentou com a filha que aquilo era uma adulteração e todos sabiam disso, e a menina explicou que, no fim das contas, era ela, era o rosto dela com um corpo nu.

A punição para menores de idade que praticam crimes tem um objetivo diferente da pena destinada aos adultos. A ideia é educar e ressocializar. A modalidade mais branda é o regime aberto, em que o infrator presta serviço comunitário e vive em liberdade assistida. Nela, o infrator e os pais devem ser assistidos e receber orientações. Além disso, é obrigatório que o menor infrator ressocializado em liberdade frequente a escola e, se necessário, seja encaminhado para atendimento psicológico. Na prática, porém, em geral o adolescente só comparece periodicamente para assinar uma ficha de presença na Justiça. Para casos mais graves, há a semiliberdade, na qual o adolescente fica de segunda a sexta internado em unidades de ressocialização e vai para casa no fim de semana. Essas instituições são mantidas pelos governos estaduais e, apesar do nome e da intenção, muitas vezes funcionam como versões mais jovens das cadeias, com os mesmos problemas de superlotação, maus-tratos, corrupção e aproximação com criminosos mais perigosos. A internação sem direito a saída só é aplicada a casos muito graves, em que há a chamada violência real, ou seja, violência física. Entretanto, essa é uma punição que começa a ser aplicada a crimes cometidos no mundo digital. Adolescentes que praticam estupro virtual, quando obrigam vítimas a praticar atos sexuais na frente de uma câmera, por exemplo, já começam a ser punidos com a internação em unidades para menores infratores, mesmo que não haja nenhum contato físico com a vítima.

Isso foi o que começou a acontecer com adolescentes que usavam a plataforma Discord para praticar abusos sexuais e forçar a automutilação de meninas. O Discord é um aplicativo inicialmente projetado para ser usado por comunidades de jogos on-line. As conversas, em geral, acontecem ao vivo e em grupos fechados. Em 2023, duas reportagens do *Fantástico*, da TV Globo, revelaram um show de horrores capitaneado por homens e adolescentes que chantageavam meninas, obrigando-as a praticar atos sexuais em frente às câmeras e a se cortarem, muitas vezes tendo que escrever, com os cortes no corpo, os nomes dos abusadores e dos grupos. Os crimes eram transmitidos ao vivo no Discord. As mesmas denúncias feitas aos jornalistas chegaram à polícia, que, após um ano de investigação, começou a chegar aos culpados. Um adolescente foi encontrado com uma coleção de vídeos no computador com o título "Vagabundas estupradas". Eram dezenas de pastas, cada uma com o nome de uma menina. As imagens eram tão perturbadoras que poucas delas puderam ser mostradas na TV e, mesmo assim, com recursos para borrar a imagem, especialmente o rosto das vítimas. As histórias seguem basicamente o mesmo roteiro. Uma vez que uma imagem, ainda que pouco comprometedora, caia nas mãos dos abusadores, começam as chantagens. Para não ter a imagem divulgada, a vítima acaba se submetendo a abusos e, assim, fornecendo mais material que servirá a mais chantagens, em um ciclo cada vez mais difícil de ser rompido.

O adolescente que divulgou as imagens de Mariana disse que alguém poderia ter pegado o telefone dele e vazado as imagens, mas não apresentou qualquer indício de que isso pudesse ser real. E o celular dele ainda tinha senha, o que já seria um obstáculo para a invasão do aparelho. Além disso, no processo havia um *print* da conversa por WhatsApp que teve com a ex-namorada na qual admite ter enviado as imagens para uma pessoa. Com essas provas em mãos, a Justiça aplicou a Caio a medida de liberdade assistida com prestação de serviço à comunidade durante seis meses, oito horas por semana. A prestação de serviço comunitário pode ser realizada em ONGS, muitas delas ligadas ao esporte, ou em espaços públicos como abrigos e bibliotecas. Costuma ter bons resultados, por proporcionar ao adolescente maior consciência social e aproximação de outra figura adulta de autoridade, capaz de incutir bons valores. Também foi definido que Caio deveria frequentar o grupo de reflexão de violência de gênero mantido pela Segunda Vara da Infância e da Juventude. Os encontros acontecem a cada quinze dias e são conduzidos por psicólogos e assistentes sociais.

Quando tudo veio à tona, a mãe de Mariana estava grávida de oito meses. Funcionária de uma loja, ela estava no trabalho quando a chefe dela veio mostrar o vídeo que o filho havia recebido. Em depoimento à Justiça, a mãe, desolada, conta que a filha gostava muito de Caio e da família dele.

Lamentou que ela tenha acreditado no namorado. Disse que a menina foi inocente. Contou que, nos dias seguintes, ela mesma teve que enfrentar o deboche de estudantes que passavam na porta do trabalho dela e faziam piadas em voz alta sobre a situação. Ela concluiu que, diante de toda a repercussão, acha prematuro que a filha volte para a escola. Acabou levando uma advertência do Conselho Tutelar, que tem como uma das atribuições fiscalizar se os responsáveis enviam os filhos menores para a escola. Na advertência, que costuma ser a primeira providência tomada pelo Conselho, os pais assinam um termo em que se comprometem a mudar de conduta. Caso o problema persista, os responsáveis podem até responder a processo criminal — nesse caso, por abandono intelectual do menor. A única justificativa aceita para uma criança ou um adolescente estar fora de sala de aula é por motivos médicos, e, para isso, a família tem que apresentar um atestado. Diante da situação de Mariana, a juíza responsável pelo caso encaminhou mãe e filha para a Justiça Restaurativa, que tentaria entender o caso e ajudar na reinserção escolar de Mariana.

    A Justiça Restaurativa é uma área do nosso sistema judicial na qual facilitadores, com formação em assistência social e psicologia, buscam a solução de conflitos, a superação de traumas e a promoção da paz em todas as instâncias. Na sessão com a equipe de mediadores, a mãe explicou que, no bairro onde moram, só há duas escolas públicas e, nas duas, os estudantes conhecem Mariana e toda a história. No relatório enviado ao juiz, a assistente social reconheceu que Mariana apresentava uma extrema fragilidade emocional e precisava de atendimento psicológico para conseguir voltar a estudar. Recomendou que a família buscasse um atestado médico junto a um psiquiatra para não haver punição legal pelo fato de não ir à escola. O parecer descreve também que a adolescente fala com muita dificuldade e emoção e diz que ainda se abala ao lembrar dos comentários sobre o vídeo. Também está no relatório que até a mãe de Mariana expressou surpresa com a fragilidade da filha, já que, em casa, ela estaria começando a se mostrar um pouco mais segura e fortalecida. Na mesma audiência, Mariana disse que acharia justo o agressor pagar a mensalidade de uma escola particular para ela. A mãe de Mariana disse que está se estruturando para ela mesma conseguir arcar com esses custos e, assim, proporcionar à filha o direito básico de estudar. Mariana já iniciou o tratamento psicológico. Na audiência, ela disse que sofreu uma "humilhação de mulher", já que toda a vergonha recaiu sobre ela.

Muito se fala do papel dos pais na proteção dos filhos que são vítimas, mas talvez seja ainda mais importante o papel dos pais de filhos agressores. A juíza Vanessa Cavalieri conta que, hoje, os adolescentes fazem pesquisas usando o TikTok e que, muitas vezes, o algoritmo os envia para comunidades extremistas ali ou em outras redes, como o Discord ou o Telegram. Os pais que monitoram o que os filhos consomem na internet conseguem desmontar essa bomba-relógio em pouco tempo — ou mesmo evitar que ela se arme.

Bons aliados nessa missão são os aplicativos de controle parental, que podem ser encontrados em versões pagas e gratuitas. Por meio deles, os pais conseguem limitar o tempo e os horários de navegação dos filhos, acompanhar ou proibir compras on-line, selecionar os jogos aos quais eles têm acesso, verificar que páginas da internet estão sendo acessadas e vetar redes sociais ou conteúdos específicos — como sites de pornografia e apostas eletrônicas —, além de conteúdos que envolvam discurso de ódio, uso de armas, violência extrema, tortura de animais e suicídio. Esses aplicativos são instalados no celular e no computador do adolescente e também no telefone dos pais, que recebem notificações caso o filho tente acessar algum conteúdo proibido. Os filhos devem sempre ser avisados e estar cientes de que os pais estão fazendo esse acompanhamento. Entre os apps de controle parental com melhor avaliação dos usuários estão o Qustodio, o Aura, o Kaspersky Safe Kids e o Family Link — todos com versões gratuitas que oferecem o básico, como bloqueios de aplicativos, jogos e sites e visualização do histórico de navegação.

A juíza Vanessa Cavalieri também defende que os pais tenham as senhas de acesso às redes sociais e monitorem as interações on-line com outras pessoas. Não se trata de bisbilhotar todas as conversas, mas, sim, de ficar atento à troca de mensagens com desconhecidos, com perfis que aparentam ser falsos, ao envio de fotos e vídeos e a conteúdos inadequados. Quanto mais nova for a criança, mas intenso precisa ser esse monitoramento. A juíza alerta que, havendo bom senso, não se trata de invasão de privacidade, mas, sim, de uma obrigação dos pais de proteger os filhos — tanto de serem vítimas quanto algozes. Quando não há nenhuma vigilância, as crianças e os adolescentes podem sofrer uma verdadeira lavagem cerebral por meses ou anos, ao assimilar ideias violentas, racistas, preconceituosas e misóginas.

A juíza conta, ainda, que muitos pais se surpreendem ao ver conversas on-line dos filhos e perceber que eles destratam mulheres, com respostas agressivas e machistas como "Cala a boca, vagabunda" e "Vai lavar uma louça". Os pais de adolescentes infratores podem ser responsabilizados não pelo crime, mas, na esfera cível, podem ser condenados ao pagamento de danos morais. O Código Civil estabelece que, além do próprio menor, os pais são também responsáveis pela reparação civil dos atos praticados pelos filhos menores de idade quando houver algum dano ou prejuízo material.

Vanessa afirma que tem assistido a uma enorme complacência dos pais de adolescentes com desvios e comportamentos criminosos. No caso do colégio de classe média carioca, ela já ouviu as famílias de 21 envolvidos no caso, entre os que produziram e os que espalharam as montagens com as colegas de turma. Diante da juíza, o discurso dos pais foi parecido. Eles disseram que, depois do episódio, conversaram com os filhos, explicaram sobre o certo e o errado e falaram que confiavam que aquilo não iria nunca mais se repetir. De todos, apenas os pais de um único estudante passaram a monitorar o celular do filho.

11

Ele nunca me bateu

Parecia a vida perfeita. Clarice nasceu em uma família de classe média alta, estudou em uma escola bilíngue, formou-se em direito, fez mestrado em Londres, era diretora jurídica de uma multinacional e recebia salário alto com bônus e benefícios. Além disso, era casada e tinha dois filhos lindos e saudáveis. Clarice possuía basicamente tudo que alguém poderia querer. Era rica, bonita, jovem e bem-sucedida, e havia construído uma família estruturada.

Ainda assim, tinha um pensamento recorrente sempre que voltava do trabalho para casa. O prédio onde morava era localizado no ponto em que a rua, em uma área nobre do Rio de Janeiro, formava uma curva. E ela imaginava o que aconteceria se simplesmente não virasse o volante e deixasse o carro seguir em frente. Clarice sentia que levava uma vida dupla. A mulher poderosa profissionalmente era submetida em casa por um marido controlador e agressivo, que a isolava, coagia, desestabilizava. Felipe tinha ataques de fúria e ciúme, perseguia Clarice, controlava todos os passos dela, os horários e os gastos, e ainda batia nos filhos. Contra Clarice, não havia violência física, mas o corpo sofria com gastrite, tremedeiras, falta de ar, dores, taquicardia. Foi a vários médicos e os diagnósticos se tornaram provas no processo que ela moveu contra o marido depois da separação. Felipe é um raro caso no país de condenação por violência psicológica, crime previsto na Lei Maria da Penha.

O namoro começou quando Clarice tinha apenas dezoito anos e estava na faculdade. Felipe, seis anos mais velho, já tinha se formado e trabalhava. Desde o início, ele se fazia muito presente na vida da parceira. Ela já tinha carro, e todos os dias voltava da faculdade dirigindo. Felipe ia no carro dele até a faculdade e a seguia até que chegasse em casa. Na época, Clarice achou que era uma demonstração de cuidado, já que as aulas muitas vezes terminavam tarde da noite. No entanto, outros comportamentos deixavam mais clara a natureza controladora e violenta do namorado. Por motivos banais, Felipe se enfurecia. Clarice conta que, quando ele estava com ódio e queria gritar e xingar, ela tinha que ficar ouvindo sem reagir. Caso tentasse argumentar ou até mesmo sair de perto, o descontrole piorava. Após um desses ataques, ocorrido no meio da rua, em que Felipe chegou a agarrar Clarice pelo braço, ela terminou o namoro. Reatou, porém, depois que ele prometeu começar a fazer terapia e se tratar. Felipe compareceu a poucas sessões e mais reclamava da psicóloga do que apresentava alguma melhora. Aos poucos, Clarice foi se cerceando para tentar aplacar o temperamento do namorado. Chegou até mesmo a se afastar das amigas porque Felipe implicava com todas elas. Depois de quatro anos de namoro e já formada, Clarice acreditava que sabia como lidar com o comportamento de Felipe e aceitou seu pedido de casamento.

Após a união, a situação se tornou ainda mais grave. Como funcionária de um escritório de advocacia, Clarice recebia um salário mais alto que o do marido, mas não tinha nenhuma autonomia. Precisava prestar contas de cada um de seus gastos, em uma vigilância que também configura violência patrimonial. Felipe controlava os canhotos dos talões de cheque e brigava com a esposa caso não concordasse com alguma compra. Também implicava com o chefe dela, fazia questão de almoçar com Clarice todos os dias, estava presente em todas as viagens de trabalho e, pelo menos uma vez por semana, aparecia no escritório. Na hora de dormir, ela era obrigada a botar a cabeça no braço dele de um jeito incômodo, só podendo sair depois que ele pegasse no sono.

Após dois anos de casamento, Clarice decidiu que queria se aperfeiçoar e fazer um mestrado em Londres. Felipe concordou com o plano com algumas condições: ele teria, obviamente, que acompanhá-la; ela teria que juntar, sozinha, 50 mil reais antes de saírem do país para um fundo de emergência e pararia de tomar anticoncepcional assim que chegassem à Inglaterra. A vontade de ir era tanta que Clarice aceitou todas essas condições. Economizou a quantia exigida, mas não levou muito a sério o pedido sobre a pílula, já que o marido demonstrava claramente que não gostava muito de crianças. Os dois ficaram em Londres por um ano. Clarice passava a maior parte dos dias na faculdade e, quando chegava em casa, ainda tinha que fazer trabalhos e estudar. Já Felipe não fazia nada o dia inteiro a não ser implicar com a esposa, reclamar dos horários dela e até impedir que ela telefonasse para a família no Brasil, dizendo que a ligação internacional era muito cara — como se não fosse ela a responsável por pagar todas as contas. Para completar, no último mês do mestrado, Felipe cobrou a promessa sobre a interrupção da pílula anticoncepcional. Clarice cedeu e já voltou grávida para o Brasil.

Com o nascimento do primeiro filho, Clarice se tornou menos tolerante com a agressividade do marido, pois precisava criar um ambiente acolhedor para o bebê. Ao mesmo tempo, começou a se esquivar de Felipe e fingia que estava dormindo quando ele chegava em casa para evitar relações sexuais. Já pensava em separação. Ele se irritava com essa distância e descontava no filho. Deu um tapa na cara do menino quando ele era apenas um bebê de um ano e meio. E ainda botava a culpa por suas atitudes em Clarice, já que, segundo ele, estava estressado por causa da esposa. Na tentativa de acalmá-lo, Clarice às vezes cedia e tinha relações sexuais, no que ela hoje chama de estupro consentido. Aqui é importante falar sobre o conceito de consentimento, que vai muito além do sim e do não. Violência sexual não é apenas manter relações à força, mas também mediante coação, ameaça, chantagem ou intimidação. Uma mulher que diz sim por medo está sendo vítima de estupro. E, quando esse crime acontece dentro do casamento, é ainda mais difícil de comprovar e até de entender o que aconteceu. Muitos homens e mulheres ainda acreditam que é obrigação da esposa ceder sempre que o marido tem vontade e que o marido pode dispor do corpo da mulher a qualquer momento. Isso é estupro marital, um crime que acontece cotidianamente entre casais. Também é crime interferir no uso de métodos anticoncepcionais, como Felipe fez.

A violência foi mais além: depois do nascimento do filho, em um episódio surreal, o marido marcou consulta e levou Clarice à ginecologista para tomar satisfações sobre a falta de desejo dela. Como havia algo na bula do anticoncepcional dizendo que alguns dos componentes poderiam diminuir a libido, ela concordou em parar de tomar a pílula e acabou engravidando novamente. Nessa segunda gestação, precisou se equilibrar entre emoções fortes e difíceis. A sensação de estar ainda mais presa àquele homem trouxe desespero. Ao mesmo tempo, veio a culpa, porque não queria que a criança que crescia em seu ventre se sentisse rejeitada ou menos amada. O parto foi difícil; a amamentação, também. Clarice se desdobrava entre os cuidados com a recém-nascida e as demandas do filho de apenas dois anos, enquanto se sentia triste e desamparada.

A necessidade de se separar estava clara, mas Clarice tinha medo da reação de Felipe. Passou quatro anos tentando convencê-lo a pedir o divórcio, dizia que estava claro que ele não estava feliz, que o relacionamento não estava mais funcionando, e que ele era jovem e bonito, poderia encontrar facilmente outra pessoa que o fizesse feliz. Felipe, no entanto, sempre discordava — e ficava cada vez mais violento e covarde.

Em uma ocasião, tentou agredir uma babá, por causa de uma discussão boba sobre se o filho estava ou não atrasado para a aula de natação. Clarice ficou entre o marido e a funcionária para impedir que ele a machucasse. A essa altura, já estava acostumada a se ver no meio dos descontroles do marido, ao contrário da babá. Tanto que a funcionária saiu direto dali para a delegacia e denunciou o patrão por agressão. A violência contra trabalhadores domésticos, como já vimos no capítulo MAS É ISSO QUE ACONTECE EM FAMÍLIA?, também pode ser enquadrada na Lei Maria da Penha. Assim, a polícia abriu uma investigação e chamou Clarice para depor. Ela foi, preocupada, mas ao chegar lá viu que o caso havia sido registrado como lesão corporal. Clarice confirmou a discussão, mas negou a agressão física, porque realmente o marido não chegou às vias de fato. Mais tarde, soube que o processo acabou sendo arquivado.

Quando a filha mais nova tinha três anos, Felipe, em um momento de irritação, apertou tão forte o braço da menina que as marcas arroxeadas causadas por seus dedos permaneceram por uma semana na pele da criança.

Funcionárias da creche viram e chamaram Clarice para mostrar os ferimentos e tentar entender de onde vinham. Em um primeiro momento, acharam que tinha sido algum incidente na própria escola, porém Clarice desconfiou e, ao questionar mais tarde o marido, ele confirmou a agressão.

Foi a gota d'água. Ela pensou que só tinha duas opções: ir embora ou chamar a polícia. Apesar do medo, por fim tomou coragem e pediu o divórcio. Felipe, contudo, não levou a decisão da esposa a sério. Disse que ela era frágil e que logo pediria para voltar. Sabia que a esposa estava isolada, pois ele mesmo a havia afastado dos amigos e até dos próprios pais, com quem ela já tinha um relacionamento distante e que, depois de presenciarem alguns incidentes entre o casal, passaram progressivamente a ver ainda menos a filha.

O isolamento é uma consequência direta da violência. O afastamento vem dos dois lados: a vítima se afasta por medo de se indispor com o agressor, e as pessoas ao redor criam certa distância porque não aguentam conviver com as agressões. A psicóloga Kátia Rosa, que atua há mais de trinta anos no combate à violência contra a mulher, explica que o afastamento é esperado e acontece quando as agressões se expandem e começam a atingir o círculo próximo à vítima. Família e amigos se afastam não por falta de amor, nem mesmo por autoproteção, mas porque também são afetados pelo trauma. Muitos pensam que, se a própria vítima não consegue sair daquele relacionamento, não há nada mais que possa ser feito. No entanto, o conselho da psicóloga é que essa mulher não seja deixada sozinha. Vale oferecer pequenas ajudas práticas nas tarefas do dia a dia ou no cuidado com os filhos, conversar ou, até mesmo, entrar em contato com profissionais de saúde que estejam atendendo ou que possam prestar auxílio à vítima. Ainda que ela negue a ajuda, o interesse já faz a diferença para quem se sente desamparada. Parentes e amigos não devem desistir dessa mulher.

Clarice, mesmo sozinha e apesar das ameaças, continuou firme em sua decisão de se separar. Ela se lembra claramente da última noite em que dormiu ao lado de Felipe. Já havia anunciado que queria o divórcio e que sairia de casa no dia seguinte. Havia uma tesoura na mesa de cabeceira dele e, apesar de nunca ter sido agredida fisicamente, ela passou a madrugada em claro, imaginando se seria atacada.

Como o marido se recusou a sair de casa, foi Clarice quem deixou o apartamento e logo deu entrada no divórcio. Como advogada, abriu mão de que outro profissional a representasse e disse que assinava o que o marido quisesse, contanto que as crianças pudessem morar com ela. Felipe foi, mais uma vez, mesquinho. Exigiu coisas simbólicas, como o álbum de casamento e uma mesinha de cabeceira que ela comprou com seu primeiro salário e que, na época, ele criticou. Ainda ficou morando por oito meses no apartamento que era da família, até que o imóvel foi vendido e eles dividiram o dinheiro. Parecia o fim do pesadelo, porém aquilo estava longe de terminar. Foi a partir desse ponto que a vida de Clarice se tornou um inferno ainda pior.

Após a assinatura do divórcio, de repente Felipe passou a fazer muita questão de estar com os filhos. E, quando pegava as crianças, impedia que elas falassem com a mãe, passava do horário em que deveria devolvê-las para Clarice e não dava qualquer satisfação. Ainda havia as agressões contra as crianças. Os filhos contavam que recebiam tapas na cabeça e puxões de orelha, agressões que não costumam deixar marcas duradouras e, assim, Clarice não tinha provas concretas para fazer uma denúncia. Eles também relatavam gritos e xingamentos. A violência verbal era o que mais assombrava Clarice. Por experiência própria, sabia que Felipe, com palavras, conseguia massacrar a alma de uma pessoa. As crianças viviam em um pânico constante.

Em uma apresentação de fim de ano da escolinha da filha, Felipe cismou que levaria a menina para casa dele, apesar de ser em um dia em que Clarice estaria com as crianças. O pai simplesmente pegou a menina no colo ao final da apresentação e começou a se dirigir para a saída do teatro, mas Clarice o seguiu. Ela, então, segurou a filha por um dos pés. Os dois começaram a discutir. A menina chorava, e até mesmo a sogra saiu em defesa de Clarice. A mãe de Felipe, aliás, sempre o considerou agressivo. Ele a tratava mal e a xingava com frequência. Na época do noivado, a sogra chegou a dizer à mãe de Clarice que os dois não deveriam se casar porque o filho era muito grosseiro. A confusão no dia da apresentação foi tão grande que a diretora da creche teve que intervir. Felipe ainda debochou, dizendo que Clarice poderia até chamar a polícia se quisesse que não daria em nada. Só após muita conversa com a diretora e uma professora da escola, o pai liberou a menina para ir embora com a mãe.

Em outro episódio, o ex-casal foi a uma consulta médica para falar sobre o filho. Na saída, Felipe seguiu Clarice até o estacionamento, pronto para iniciar uma nova discussão. Ela tentou ir embora, mas ele segurou a porta do carro, começou a gritar e xingá-la. Clarice tinha apenas forças para chorar e pedia que ele fosse embora. Após quinze minutos, o porteiro do prédio comercial, que viu a movimentação pela câmera de segurança, apareceu, e só então Clarice conseguiu ir para o trabalho. Chegou ao escritório não só atrasada, mas também muito abalada. Ao ver seu estado, uma funcionária do departamento de recursos humanos a aconselhou a prestar queixa na delegacia de polícia. Ela, então, denunciou Felipe por constrangimento ilegal e conseguiu uma medida protetiva que impedia que ele se aproximasse ou buscasse entrar em contato. A reação dele foi entrar com uma ação pedindo a guarda dos filhos.

Quando o processo teve início, o filho já tinha oito anos e sentia muito medo do pai. Já a menina, com seis anos, contou para a assistente social que o pai xingava a mãe e batia neles. Ambos foram encaminhados para uma avaliação psicológica. O laudo da psicóloga constatou que as crianças estavam em sofrimento. A profissional atestou que o menino sofria de ansiedade e necessitava de acompanhamento psiquiátrico com urgência e que a filha represava sentimentos e apresentava instabilidade emocional. A Justiça decidiu que Felipe e Clarice deveriam fazer terapia pós-casal, que funciona como uma espécie de mediação. Foi uma fase de mais diálogo e esperança, mas que durou pouco: cerca de seis meses. Durante esse período, a guarda compartilhada funcionou normalmente. E, aqui, fica clara a desconexão na Justiça entre processos de guarda de filhos e de violência doméstica. Mesmo com as acusações graves contra o pai, ele continuou com direito a conviver com as crianças. Clarice conta que tentou, mas nunca conseguiu que a Justiça ao menos determinasse uma avaliação psicológica ou psiquiátrica do ex-marido.

Clarice se via obrigada a enviar as crianças para o pai, ainda que elas pedissem desesperadamente para não ir, em uma das situações mais dolorosas que qualquer mãe pode enfrentar. Sentia-se impotente e angustiada por não conseguir proteger os filhos. Já não tinha mais como se concentrar no trabalho. Exaurida com tanto medo e sofrimento, e com algum dinheiro economizado, acabou jogando a toalha e pedindo demissão da multinacional.

Foi então que os sintomas físicos da violência que estava sofrendo começaram a aparecer.

Clarice sentia uma grande confusão mental e por alguns momentos chegava a ficar inconsciente. Quando algum dos filhos estava com o pai e conseguia ligar para ela chorando e pedindo ajuda, ficava zonza, com a sensação de que iria desmaiar. Não conseguia mais comer e emagreceu dez quilos. Começou a sofrer com tremores, que disfarçava colocando as mãos debaixo da mesa. Desenvolveu gastrite crônica. A barriga inchava sem motivo aparente. Chorava constantemente, e havia dias em que não conseguia levantar da cama. Esse estado deplorável fez com que ficasse mais suscetível a acidentes. Em um deles, fraturou a lombar e ouviu de um neurologista que o corpo dela havia entrado em processo de autodestruição. Foi parar duas vezes no hospital com febre alta e taquicardia, mas os exames não apontaram nenhum problema de coração. Também teve episódios de falta de ar, embora o teste de esforço apontasse que sua capacidade pulmonar estava dentro dos parâmetros normais. O diagnóstico final dado por uma psiquiatra e corroborado pelos outros médicos que a atenderam é que Clarice desenvolveu transtorno de estresse pós-traumático complexo. O mal está catalogado na Classificação Internacional de Doenças como uma série de sintomas físicos e psíquicos desencadeados por situações traumáticas de longa duração. São exemplos viver em prisões de guerra, ser explorado em casas de prostituição, sofrer abuso físico e sexual repetitivo na infância e passar por violência doméstica prolongada.

Clarice começou a se tratar com uma terapeuta especialista em trauma. Enquanto tentava se reerguer física e emocionalmente, os filhos tomavam caminhos diferentes. O mais velho caiu em depressão e iniciou tratamento com remédios e terapia. Já a mais nova passou a reproduzir os comportamentos violentos que via no pai. Começou a dizer que não se lembrava de ter sido agredida por ele, o que revoltava o mais velho. As brigas entre os irmãos também eram frequentes — até que, no meio da pandemia de Covid-19, a menina decidiu se mudar para a casa do pai e lá ficou por um ano ininterrupto, em uma clara violação do acordo de guarda compartilhada que havia sido firmado na ocasião do divórcio. Clarice lembra que, durante esse período, mal conseguia falar com a filha.

Foi então que, depois de muito pesquisar e refletir, ela partiu do desespero para a ação e decidiu denunciar Felipe por violência psicológica. Anexou laudos médicos e psicológicos que mostravam os danos que estava sofrendo e todas as medicações que precisava tomar. Juntou mensagens agressivas enviadas pelo ex e conseguiu depoimentos de testemunhas. Uma vizinha confirmou todo o sofrimento de Clarice e o medo que os filhos tinham do pai. As duas se aproximaram por terem meninos da mesma idade, e o próprio filho de Clarice contava muito do que acontecia em sua casa para a mãe do amigo. Uma babá atestou que as crianças chegavam da casa do pai estressadas, com o menino triste e apático e a menina falando palavrões e procurando motivos para brigar. Clarice tinha ainda um áudio enviado pela filha pedindo ajuda, dizendo que o pai iria matá-la.

A partir da denúncia, Felipe, em represália, parou de pagar a escola do filho, declarando que o menino "estava do lado da mãe". Com isso, chegou a ter a prisão decretada algumas vezes pelo não cumprimento do estabelecido no acordo de pensão — no qual constava que ele arcaria com a educação do filho. No entanto, sempre que um mandado era expedido, Felipe depositava algum valor na conta de Clarice e a prisão era suspensa. Pela lei, a ordem de prisão por não pagamento de pensão pode ser revogada com o pagamento do valor total devido, mas há exceções, como o pagamento de uma parte se houver negociação ou se o devedor provar que está sem recursos para a quitação. O Ministério Público, porém, concluiu que havia provas suficientes dos abusos sofridos por Clarice e denunciou Felipe por violência psicológica com o agravante de usar os filhos para atingir a ex-mulher.

A violência psicológica é prevista na lei como qualquer conduta que cause dano emocional e prejudique o pleno desenvolvimento da mulher. São comportamentos como ameaçar, humilhar, manipular ou mesmo isolar a mulher do contato com outras pessoas. Também configuram violência psicológica a vigilância constante, a perseguição, os insultos e a limitação do direito dela de ir e vir. A pena é de seis meses a dois anos de reclusão e multa, em valor a critério do juiz.

Dito assim, parece óbvio que tudo isso é violência, mas são atitudes que estão presentes no cotidiano e, embora incomodem, pode ser que as próprias vítimas não as percebam como agressões — às vezes, isso pode perdurar por toda uma vida. No Instagram, o perfil "Mas ele nunca me bateu" coleciona relatos de mulheres que são agredidas psicologicamente em doses diárias e ao longo de muito tempo. Uma delas conta que o marido implicava por ela estar abaixo do peso, a pressionava a fazer musculação e botava o despertador para tocar nos horários em que deveria comer, o que só fazia com que ela chorasse e odiasse o próprio corpo. Outra relata que, durante meses, se afastou de amigas e familiares porque o companheiro a convencia de que todos ali eram tóxicos e só ele a amava. Há relatos de crises públicas e crônicas de ciúme, xingamentos e proibições que vão desde falar com outros homens até trabalhar ou estudar. A psicóloga Kátia Rosa explica que, entre essas muitas violências, as mais difíceis de identificar são as que envolvem supostas demonstrações de afeto. Assim, uma perseguição pode parecer amor, uma proibição é confundida com cuidado, o controle passa por gesto de carinho. Ou, pelo menos, é o que as vítimas dizem para si mesmas. Muitas percebem o cerceamento, mas duvidam da própria avaliação e começam a questionar suas convicções sobre o que é um relacionamento saudável. Pensam que, apesar de tudo, têm que valorizar aquele homem que está ao lado delas. No perfil do Instagram, há tanto depoimentos de mulheres que conseguiram se afastar dos agressores tanto daquelas que ainda permanecem nos relacionamentos abusivos. Em um deles, de cortar o coração, uma mulher diz que tenta agradar o tempo todo enquanto o companheiro só grita com ela, critica ou faz tratamento de silêncio — quando o agressor ignora, não dirige a palavra e nem mesmo responde às perguntas da vítima como forma de punição ou controle. Apesar de tudo isso, ela diz que não sabe como sair da relação e se sente morta por dentro.

Esse "sentir-se morta por dentro" é um sinal claro que diferencia a violência psicológica de estranhamentos e momentos ruins que acontecem em qualquer relacionamento, como uma discussão ou uma resposta atravessada. A violência leva a vítima a um adoecimento psicológico crônico. A mulher altera comportamentos, atitudes e até a própria personalidade. A violência psicológica, escancarada ou sutil, é o tipo de agressão mais comum contra mulheres porque está sempre acompanhada dos outros tipos de violência, seja patrimonial, moral, física ou sexual. Um laudo psicológico é o ponto inicial para a denúncia desse tipo de crime, mas nem todos os profissionais têm preparo para entender a violência de gênero. Mesmo quando a vítima dispõe de um laudo, pode enfrentar o descrédito do sistema de Justiça — e não só ela. Agressores costumam lançar mão do expediente de questionar o responsável pelo laudo. A psicóloga Kátia Rosa conta que já precisou defender na Justiça e no Conselho de Psicologia a lisura e o conhecimento de colegas que atestaram violência doméstica contra mulheres.

Clarice conseguiu levar adiante sua denúncia. Felipe foi intimado a depor e negou as acusações; disse que era a ex-mulher quem desrespeitava os acordos e incentivava brigas entre os filhos. Suas afirmações, entretanto, não convenceram a juíza e ele foi condenado em primeira instância a um ano de reclusão em regime aberto. Mas a pena não começou a ser cumprida de imediato. Por ser réu primário, a juíza concedeu a ele a suspensão condicional da pena por dois anos e nove meses. A suspensão condicional é o único benefício legal disponível para condenados pela Lei Maria da Penha. É um mecanismo criado no intuito de evitar aumentar a lotação das cadeias com condenados por crimes considerados de menor gravidade. Para delitos tidos como mais leves, há a possibilidade de substituição de pena por prestação de serviço comunitário ou pagamento de cestas básicas, mas na Lei Maria da Penha essa troca não é permitida.

Ainda segundo a Maria da Penha, mesmo durante o período de suspensão, o réu é obrigado a cumprir algumas obrigações. A sentença de Felipe estabeleceu que, durante esse tempo de dois anos e nove meses, ele fosse obrigado a se apresentar todo mês em juízo, ficasse proibido de sair do estado onde vivia por mais de uma semana sem autorização judicial e fosse obrigado a comparecer a sessões de grupo reflexivo para homens condenados por violência doméstica. Após esse período de suspensão, se o réu cumprir tudo que lhe foi determinado, a pena é extinta. Parece pouco — e é —, mas a condenação em si já tem um peso e cria dificuldades para o agressor que, ainda por cima, deixa de ser réu primário.

Na sentença de Felipe, a juíza responsável pelo caso destacou o peso da palavra da vítima como prova em casos de violência doméstica, corroborada por outras provas como testemunhos, laudos, mensagens e todas as outras reunidas por Clarice. A magistrada ressaltou, ainda, que a conduta do réu estava impregnada de desonra e menosprezo à dignidade e ao valor da mulher como pessoa. A sentença estabeleceu, também, que Felipe pagasse uma indenização de 2 mil reais a Clarice e as custas do processo. Ele recorreu, e a sentença foi confirmada em segunda instância, mas, como houve um voto divergente, a defesa ainda pôde apresentar um novo recurso. Com isso, a execução da sentença foi suspensa até uma decisão final. O processo penal prevê que cabe recurso quando uma condenação em segunda instância não for unânime. O caso, então, é distribuído para outros desembargadores e uma nova votação acontece. Em dezembro de 2024, o Tribunal confirmou a decisão. Na última vez que nos falamos, Clarice estava na expectativa de que o ex-marido fosse notificado e começasse a cumprir a pena.

Enquanto isso, ela vai se reestruturando como pode. Chegou a estabelecer na Justiça um novo arranjo para voltar a conviver com a filha. Passou a ter fins de semana alternados com a adolescente e, nos encontros, evitava confrontá-la sobre a violência do pai. Concluiu que isso só a afastaria ainda mais e decidiu que sua missão é fazer a filha saber o quanto ela a ama e que pode contar com ela.

O pesadelo, porém, não acabou aí. Pouco depois da confirmação da sentença, o marido deixou o país levando a menina. Clarice desconfiava de que isso pudesse acontecer, pois ele já tinha uma autorização judicial para viajar com a menina durante as férias. Clarice ainda tentou pedir na Justiça que o marido, agora condenado, fosse impedido de viajar para o exterior, mas sua solicitação foi negada sob o argumento de que a pena estava suspensa e não havia provas de que Felipe tinha a intenção de fugir de vez com a filha.

Até o fechamento deste livro, Clarice não teve notícias da filha, mas conseguiu confirmar junto à Policia Federal que, de fato, ambos embarcaram em um voo internacional. Clarice segue apreensiva à espera de algum contato.

O filho, por sua vez, continua a realizar tratamentos psicológicos e psiquiátricos. Clarice também faz terapia, toma remédios e tem uma medicação mais forte de emergência para situações em que haja algum risco de encontrar o ex-marido.

Apesar de ainda estar às voltas com os cuidados com a própria saúde, Clarice conseguiu voltar a trabalhar. Tem um ótimo cargo em uma grande empresa composta basicamente de mulheres, que sabem de tudo o que ela passa e a apoiam. Além disso, começou um trabalho voluntário com um grupo feminino que promove palestras e cursos sobre violência doméstica, acolhe vítimas e divulga informações sobre os direitos da mulher nas redes sociais.

Clarice é uma mulher que enfrentou e ainda enfrenta o desafio de ser tão forte na vida pessoal quanto sempre foi na profissional. Uma luta por ela própria, mas, principalmente, pelos filhos. O amor por eles transparece durante toda nossa conversa e a cada momento difícil relatado. Proteger os dois foi a maior motivação para pedir o divórcio, para cuidar da própria saúde, para buscar a Justiça contra o ex-marido. Como ela me contou em nossa conversa, mesmo se lá no início soubesse que iria ao inferno, faria tudo de novo, pois seu casamento lhe deu seus bens mais preciosos.

Ele levou o que eu conquistei

Parecia uma cena de assalto. Cláudia, uma médica psiquiatra, funcionária de hospital público, entrou em sua agência bancária, na zona norte do Rio de Janeiro, com uma expressão de medo, coagida por um homem que insistia para que ela sacasse 6 mil reais e lhe entregasse. O homem não estava armado, mas nitidamente exercia poder sobre ela. Cláudia ainda tentava argumentar que não estava certo, disse que não queria fazer aquilo, mas, ao chegar na boca do caixa, apertou o dedo contra o leitor de digital e realizou o saque. Quando o homem começou a contar o dinheiro, Cláudia caiu em prantos. As pessoas em volta ficaram incomodadas, mas não interferiram. Os funcionários que estavam por ali não entenderam nada. Afinal, o homem era um dos gerentes do banco, e Cláudia era a mulher dele.

Algumas horas antes, Cláudia já pressentia que algo ruim estava por vir. Aquela sexta-feira era véspera da festa de aniversário de oito anos do filho mais velho e Cláudia estava às voltas com os preparativos, arrumando os minijogos de tabuleiro que seriam a lembrancinha para os convidados. Era a primeira festa que fazia depois da pandemia e queria dar de presente algo que unisse as famílias. No entanto, a atenção dela não estava inteiramente na comemoração. Cláudia sabia que o marido sempre dava um jeito de arruinar qualquer confraternização em família. Podia ser arrumando uma briga, um problema, ou simplesmente ficando de cara amarrada. Naquele dia, Douglas chegou em casa dizendo que tinha errado nas contas de uma cliente do banco e que queria sacar dinheiro do limite do cheque especial de Cláudia para cobrir o rombo. Cláudia é médica e ganhava mais que o marido e, por isso, tinha um limite maior, mas que ela nunca usava. Recorria ao pai nas poucas vezes em que precisava de algum dinheiro extra — e sempre pagava de volta na data combinada. Inicialmente, disse não para Douglas, mas ele insistiu, começou a discutir e acusou Cláudia de não o ajudar. Por fim, ela cedeu e conta que, quando entrou no carro com o marido para ir ao banco, se sentiu como se estivesse sendo sequestrada. Era mais uma data comemorativa arruinada e mais uma entre muitas violências patrimoniais sofridas por Cláudia.

Ao longo de quatorze anos de relacionamento, o marido fez empréstimos e parcelamentos no nome dela, sem sua autorização ou mediante coação, e ainda usou o cartão de crédito da mulher às escondidas. Quando conversei com Cláudia, ela estava às voltas com uma dívida de mais de 100 mil reais no cartão, e todos os meses um terço de seu salário era destinado à quitação de um empréstimo consignado de um dinheiro do qual ela nem viu a cor.

Quando conheceu Douglas, Cláudia imaginou estar escrevendo uma história parecida com a de sua própria família. O pai e a mãe de Cláudia se conheceram no curso supletivo onde ele estudava e ela dava aula. A mãe ajudou o marido a ter uma carreira: os dois juntos construíram um bom patrimônio e hoje vivem com conforto e em paz. Cláudia pensou que poderia ter a mesma parceria com Douglas e, por isso, não se incomodou em assumir as despesas mais altas da casa, já que tinha um salário maior. Eles viviam em um apartamento financiado no nome dos dois, mas só Cláudia bancava as prestações e o condomínio. O marido ficava com as despesas de consumo, como luz, internet e TV a cabo. Douglas contribuía com menos, mas era quem administrava tudo. Ele tinha acesso a todas as senhas de Cláudia, e ela confiava a ele a movimentação da própria conta bancária. Sempre foi cuidadosa com os gastos, ensinamento aprendido desde cedo com o pai. Só quando ficou grávida do primeiro filho fez um cartão de crédito para parcelar os móveis do quarto do bebê — e tornou o marido seu dependente.

Todo fim de ano, a família de Cláudia viajava para um hotel-fazenda. Era ela quem arcava com a hospedagem do casal, e Douglas ficava responsável só pelo pagamento das bebidas, que não estavam incluídas na diária. Ela não fazia isso sem reclamações, apesar de a parte dele não chegar nem a dez por cento do gasto de Cláudia. Na primeira viagem já com o primeiro filho recém-nascido, Douglas, como sempre, se dedicou a estragar a alegria de Cláudia e passou boa parte do tempo trancado no quarto, dizendo que cada um podia aproveitar como quisesse.

Quando foi chamada para um curso de aperfeiçoamento na Europa, pediu a ele que arcasse com o pagamento de uma funcionária que ajudaria nos cuidados com a casa e com o menino. O marido se recusou, e Cláudia, apesar de revoltada, assumiu mais essa despesa durante as seis semanas do curso.

Em um dado momento, para ganhar mais dinheiro, Douglas resolveu conciliar o emprego no banco com a função de motorista de aplicativo com um primo. Os dois dividiriam um carro. Pediu a Cláudia que fizesse um empréstimo no nome dela, e ele e o primo pagariam as sessenta prestações. Argumentou que ela tinha maior rendimento, histórico melhor no banco. Seria mais fácil pegar o dinheiro no nome dela. Cláudia não gostou da ideia, mas aceitou. Pelo menos esse primeiro empréstimo foi realizado com a autorização dela, ainda que sob alguma pressão. Apesar de todos esses episódios, Cláudia não enxergava o abuso financeiro no comportamento do marido. E é comum que isso aconteça. Assumir gastos do outro ou emprestar dinheiro são situações comuns na maior parte dos relacionamentos, sem representar problemas, e por isso é difícil perceber quando as demandas passam dos limites. As vítimas acham que estão cumprindo o papel de ajudar o parceiro e podem demorar a perceber que estão sofrendo um abuso. Só que, nesse processo, muitos chegam a simplesmente viver à custa da mulher.

A violência, no entanto, quando acontece, raramente é de um único tipo. Desde a primeira gravidez, Cláudia começou a sentir o ambiente mais pesado em casa. Logo após o nascimento do filho, estava com o bebê no colo quando começou uma discussão. Cláudia apontou o dedo para Douglas, e ele virou o dedo dela para trás. Sentindo-se culpada pela escalada da briga — como em geral acontece em casos de violência doméstica —, dizia a quem lhe perguntava sobre a tala na mão que tinha se machucado brincando com o bebê.

Quando o filho tinha apenas quatro meses de vida, Cláudia foi submetida a tratamento de silêncio. Douglas simplesmente passou um dia inteiro sem dirigir a palavra à mulher e não respondia a nenhuma das perguntas que lhe eram feitas. Como se já não bastasse os sentimentos confusos do início da maternidade, Cláudia ainda se atormentava ao tentar entender o que estava acontecendo com o marido.

Entre os altos e baixos no relacionamento, Cláudia engravidou novamente. Com mais uma criança em casa, enfrentou algumas madrugadas de caos. Sempre que o filho mais novo acordava chorando no meio da noite, como é típico dos bebês, Douglas se irritava a ponto de acender todas as luzes da casa e fazer barulho, mesmo com Cláudia atrás dele argumentando que o filho mais velho precisava dormir, pois tinha escola no dia seguinte. E, mesmo que não tivesse, não havia nada que justificasse esse tipo de comportamento por parte do próprio pai.

A essa altura, a infelicidade de Cláudia já era tanta que chegou a um ponto em que ela ia para casa no fim do dia após buscar os dois filhos na creche, parava o carro na garagem e não queria subir para o apartamento. Às vezes, dava mais uma volta no quarteirão e só voltava depois que os meninos começavam a fazer perguntas e pediam para ir para casa. Douglas também gostava de inventar doenças para não ir ao trabalho e cobrava que Cláudia lhe desse atestados ou os arranjasse com colegas do hospital. Nesses períodos, era o pai da mulher que levava as crianças para a escola, já que em teoria Douglas estava doente e não podia sair de casa. Um dia, o sogro disse ao genro que ele deveria procurar um hospital se estava se sentindo tão mal. Douglas o escorraçou porta afora. Foi nesse período que as discussões do casal se tornaram mais frequentes.

Enquanto a vida pessoal de Cláudia ficava cada vez mais difícil, a profissional, no entanto, corria muito bem. Ela recebeu uma sonhada promoção no hospital e teve uma melhora significativa no salário. Para comemorar, o pai lhe deu um carro de presente. Como era de se esperar, Douglas se esmerou em estragar o momento — e em se aproveitar dele. Começou a dizer que também precisava de um carro novo e que Cláudia poderia ajudá-lo, já que estava ganhando ainda mais. Poucos dias depois, em um raro momento em que resolveu acessar o aplicativo do banco, ela viu uma simulação de empréstimo consignado com 72 prestações de pouco mais de 4 mil reais — as parcelas eram exatamente no valor que Cláudia passou a receber a mais de salário. Ela questionou Douglas, e ele disse que aquele era o único jeito que ele tinha para comprar o tal carro novo. Cláudia respondeu que ele não tinha aquele jeito, já que o salário era dela e ela não autorizava o empréstimo. Achou que o assunto estava encerrado, mas, com acesso à conta e às senhas, Douglas fez o empréstimo às escondidas.

Nessa época, Cláudia já tinha começado a fazer terapia. Queria entender por que se sentia tão impotente diante dos maus-tratos de Douglas e por que permitia que o marido administrasse seu dinheiro e fizesse dívidas no nome dela. Tinha informação, era uma mulher culta, com especialização em psiquiatra e, ainda mais durante a pandemia, havia atendido muitas mulheres em situações de violência doméstica, dos mais variados tipos. Custou a entender que estava no mesmo barco e se chocou ao perceber que orientava mulheres a sair dessa situação, mas não conseguia administrar a própria realidade.

Quando Douglas apareceu com o carro, a confiança se foi de vez, assim como o casamento. Cláudia explodiu e, enfim, pediu que o marido saísse de casa. Só aí ela passou a administrar as próprias finanças e o rombo nas contas começou a aparecer.

Além do empréstimo contraído para a compra do carro, Cláudia descobriu o empréstimo consignado, feito sem autorização, que comia pouco mais de um terço de seu salário, quase alcançando o limite máximo permitido por lei, que é de 35% do rendimento mensal. Havia ainda uma dívida enorme no cartão de crédito. Essa, Cláudia descobriu do jeito mais humilhante. Em dezembro, pouco mais de um mês após a separação, chegou a data da tradicional viagem de fim de ano ao hotel-fazenda. Sem o marido, Cláudia convidou uma amiga para ir com ela. Na hora do pagamento, o cartão não passou. O limite, que era de 70 mil reais, estava estourado com compras parceladas e despesas feitas no cartão de dependente de Douglas. Ele também havia transferido para o cartão dela as poucas contas da casa que tinha assumido. A amiga teve que arcar com as despesas do hotel. Sobre os empréstimos anteriores que havia realizado, Douglas nunca mais pagou nenhuma prestação. Antes de perder o controle sobre a conta de Cláudia, ele ainda antecipou a primeira parcela do décimo terceiro dela e transferiu o valor para sua conta particular.

O caso de Cláudia é um clássico exemplo de violência patrimonial, um dos cinco tipos de violência doméstica previstos na Lei Maria da Penha e um dos mais difíceis de identificar. Conseguimos enxergar mais claramente como violência casos em que há agressões físicas, gritos, ameaças ou xingamentos. Na violência patrimonial, muitas vezes o controle de dinheiro e bens da mulher é visto como cuidado, uma ajuda ou um papel que deveria ser mesmo do homem. Quando a história envolve empréstimos e dívidas, muitas vítimas acham que isso faz parte da vida conjugal, que devem ajudar o companheiro, sem enxergar que estão se afundando e perdendo a autonomia financeira, o que pode até mesmo dificultar o fim do relacionamento.

Esse tipo de agressão se manifesta, ainda, de outras formas. A Lei Maria da Penha define como violência patrimonial qualquer conduta que configure retenção, subtração, destruição parcial ou total de seus objetos, instrumentos de trabalho, documentos pessoais, bens, valores e direitos ou recursos econômicos. Portanto, controlar o dinheiro da vítima, criar dívidas ou fazer empréstimos no nome do cônjuge sem seu consentimento ou sob coação, restringir o acesso da outra pessoa a suas contas bancárias e a seus cartões de crédito, vender bens ou propriedades de um dos parceiros ou do casal sem a concordância dele e deixar de pagar pensão alimentícia configuram crime de violência doméstica. E não são raros os casos em que a violência patrimonial é acompanhada pela violência moral ou pela psicológica, como naqueles em que o agressor quebra o celular da vítima, rasga fotos ou a ameaça para obter dinheiro ou bens.

Como em qualquer tipo de violência, para provar o crime, a vítima deve tentar recolher provas, como mensagens ou gravações que comprovem os abusos. No caso da violência patrimonial, é importante ter cópias dos documentos relativos a transações financeiras, extratos e pagamentos, assim como toda a documentação relativa a casamento ou união estável, filhos e bens — medidas que todas as mulheres deveriam adotar em qualquer relacionamento. Com a denúncia de violência patrimonial, as medidas protetivas podem determinar a restituição de bens indevidamente subtraídos, a suspensão de procurações concedidas pela vítima e a proibição temporária de venda, compra ou aluguel de propriedades em comum e, até mesmo, ordenar um depósito judicial para cobrir os danos materiais. Nesses casos, o dinheiro fica sob a custódia do juiz até que haja uma decisão final, para garantir o pagamento à vítima, se ela vencer o processo. Caso não ganhe a disputa, a quantia retorna para o acusado. No curso do processo, a Justiça pode ainda determinar o bloqueio de bens do acusado. Também nesse caso, o valor só vai para a vítima se o parecer for favorável a ela em uma decisão final, que só vem após a conhecida demora dos trâmites judiciais, um fator de grande frustração para quem sofre esse tipo de violência.

Cláudia já se separou e retomou o controle da vida financeira, mas ainda não conseguiu oficializar o divórcio. O pedido está na Justiça, e já houve uma audiência de conciliação, mas o processo emperrou justamente devido a questões financeiras. Cláudia propôs que o ex-marido abrisse mão da parte já quitada do apartamento que cabe a ele. A contraproposta de Douglas foi vender o imóvel. A juíza, atenta, perguntou onde, então, Cláudia moraria com os filhos caso isso acontecesse e alertou que estava nítido que Douglas tentava se aproveitar da situação. Sem que um acordo fosse estabelecido entre as partes, o caso foi para o litígio, no qual a resolução do processo de divórcio pode demorar até três anos.

Atolada em dívidas que não foram contraídas por ela, Cláudia encara uma rotina bem diferente da que esperava ter nesse momento da vida com a carreira que construiu. Não conseguiu aproveitar nem um mês da folga financeira proporcionada pelo novo salário. Ao contrário, trabalha mais horas durante a semana e assumiu plantões extras aos sábados em lugares onde trabalhou no início da carreira. Com isso, perde um tempo precioso em que poderia estar com seus meninos e sobrecarrega os pais, que tomam conta das crianças. Douglas, como era de se esperar, arca com poucas despesas dos filhos, com valores incertos. A discussão sobre um valor fixo para a pensão ainda está na Justiça. Cláudia consegue pagar as contas e as prestações dos empréstimos, mas não sobra nada.

Ela ainda enfrenta outros contratempos menores, como a dificuldade de contratar o seguro do carro que ganhou do pai. O ex-marido fez o seguro do carro dele no nome de Cláudia, bateu com o veículo e não pagou o sinistro. Agora, nenhuma seguradora aceita Cláudia como cliente. O seguro do carro dela está no nome do pai. Além do pai e da mãe, Cláudia conta com a ajuda de amigos e da igreja que frequenta e se surpreende como às vezes está aflita pela falta de dinheiro para algum gasto específico, como os livros do curso de inglês dos filhos, e alguma amiga lhe presenteia exatamente com a quantia necessária.

Com essa rede de apoio e muito trabalho, Cláudia vai dando conta de todo o estrago material causado por Douglas, porém sente que ainda vai precisar de muita terapia para continuar seguindo em frente. Mesmo sabendo que uma denúncia poderia, inclusive, acelerar o processo de divórcio, nunca conseguiu prestar queixa na delegacia contra o ex-marido e não entende o motivo.

A psicóloga Kátia Rosa diz que essa dificuldade é muito comum, mesmo entre mulheres bem formadas e informadas sobre violência de gênero. As que são vítimas de uma violência patrimonial mais agressiva, com homens que ameaçam e tomam bens e dinheiro à força, ficam intimidadas e com medo. Quando a violência patrimonial é mais velada, as vítimas se sentem culpadas, tentam compreender os motivos do abusador, pensam que ele está apenas passando por dificuldades financeiras. É um longo caminho para a tomada de consciência, percorrido com muita dor até que a mulher aceite que sofreu um abuso. A própria Cláudia diz que, como psiquiatra, a melhor orientação que pode dar para outras vítimas é procurar atendimento jurídico e, principalmente, acompanhamento psicológico. É necessário passar por muita terapia para processar tudo o que aconteceu.

Ela também me conta que até hoje tem dificuldades em dar o nome certo ao que sofreu, em dizer com todas as letras que foi roubada. Durante muito tempo, atribuía tudo o que lhe aconteceu a uma desorganização do marido. A ficha só começou a cair após uma conversa com o filho mais velho. Este perguntou se Cláudia fazia muito plantão por causa dos empréstimos feitos pelo pai. Ela não viu outra saída a não ser admitir que sim, e, ao ser inquirida se tinha dado seu consentimento a Douglas, respondeu que não concordou com nada daquilo. O menino, então, por fim, chegou à conclusão da qual Cláudia tanto fugia: "Então, isso é roubo, né?". Desconcertada, sem querer dizer para o filho que o pai dele era um criminoso, retrucou que, de alguma forma, permitiu que o ex-marido fizesse aquilo. Mais uma vez, porém, Cláudia escutou o que precisava ouvir: "Mãe, se você está na rua, um assaltante chega e te pede a bolsa, você não concorda, mas ele pega mesmo assim".

Ter clareza muitas vezes dói, mas é sempre fundamental para seguir adiante.

13
Ele era o máximo que eu achava que merecia

Todo relacionamento abusivo começa com requintes de perfeição. E é de propósito. Assim, a vítima demora mais a entender que está sofrendo abusos, acha que tudo pode voltar a ser como era antes e questiona a própria percepção sobre a violência. Com Bárbara, foi exatamente isso o que aconteceu. Aos 23 anos, começou um relacionamento com um homem vinte anos mais velho e bem-sucedido financeiramente, que durante um mês buscava Bárbara em casa todos os dias e a levava para jantar em bons restaurantes do Rio de Janeiro. Era um mundo novo que se abria para ela, que passou também a conhecer grifes famosas e a se impressionar com a cultura geral dele. Diferentemente de todos os namorados anteriores de Bárbara, ele não tinha pressa nem a pressionava para transar. A vida sexual do casal começou aos poucos, e o namoro engrenou. O namorado ajudava Bárbara em tudo o que podia, especialmente nas finanças, desde oferecer um complemento para pagar o aluguel até comprar móveis. A tranquilidade permaneceu durante o primeiro ano do relacionamento, em 2006.

No ano seguinte, o homem começou a pressionar Bárbara para participar de trocas de casais. Mesmo sem se sentir atraída por esse mundo, ela acabou aceitando ir a casas de suingue — locais especializados nessa prática — para satisfazer o companheiro, um tipo de concessão que acontece entre muitos casais. Entretanto, o mesmo homem que a convencia a ir às casas de suingue tinha crises violentas de ciúme após cada uma dessas saídas.

Gritava dizendo que ela havia gostado mais do outro homem ou coisas do tipo e partia para as agressões físicas. Uma vez, depois de uma sessão de puxões de cabelo e tapas na cara, ele ainda largou Bárbara no meio da noite, nua, na praia da Reserva, uma das mais isoladas do Rio, praticamente sem nenhuma construção na orla. Depois de longos minutos de muito desespero e humilhação, ele voltou para buscá-la.

As agressões começaram a acontecer também dentro de casa. Ele abria o computador de Bárbara, lia mensagens e lhe batia quando via alguma de que não gostava. Chegou também a quebrar dois laptops dela por causa disso. Os acontecimentos que levavam às agressões passaram a ser dos mais aleatórios. Certa vez, quando estavam relaxando, bebendo um vinho em casa, começaram a conversar sobre relacionamentos do passado. De repente, ele se aproximou e deu dois murros no rosto de Bárbara. Ela passou semanas disfarçando os hematomas com maquiagem e disse para as pessoas próximas que tinha caído e batido com o rosto no chão. Mentiu não só por vergonha, mas também porque com os outros ele era tão educado que ela achava que nunca acreditariam na verdade. No episódio mais perigoso, o agressor puxou uma faca para Bárbara. Ela conseguiu desarmá-lo, e o homem acabou sofrendo um corte, o que o deixou transtornado e fez com que, em seguida, ele começasse a quebrar os móveis da casa.

Entre um acesso e outro, o roteiro era sempre o mesmo: pedidos de desculpas, os presentes, as promessas de mudança. No entanto, mesmo quando posava de civilizado, o agressor sempre dava um jeito de pontuar que de nada adiantaria Bárbara procurar a polícia, porque ele, um empresário rico, chegaria à delegacia em seu carro importado e os agentes acreditariam nele, e não "em um traveco". Bárbara é uma mulher transexual, e os tratamentos pejorativos são mais uma forma de violência com que ela tem que lidar, e desde muito cedo.

Nascida e criada em São Paulo, Bárbara conta que, já aos três ou quatro anos, tinha uma postura mais parecida com a das meninas, desde as brincadeiras favoritas ao jeito de andar. E, por isso, já nessa idade, começou a levar surras sistemáticas do pai. Militar, ele costumava dizer: "Prefiro ter um filho bandido do que *viado*. Se vier *viado*, eu prefiro matar". E, por vezes, chegou perto disso. Bárbara se lembra de uma surra tão forte que ela, aos seis anos, fugiu de casa, entrou em um ônibus que lhe pareceu conhecido e foi parar na casa da avó. A avó e as tias ficaram chocadas com as marcas. Queriam chamar a polícia, mas primeiro ligaram para a mãe de Bárbara, uma dona de casa muito mais jovem que o marido e que mal sabia assinar o nome. Sem nenhuma independência, pediu que não denunciassem o companheiro.

As surras viraram rotina. O pai agredia Bárbara com pedaços de madeira e fios de telefone e chegou a usar uma muleta que tinha um prego aparente. Ela se lembra de ter ficado trancada ensanguentada em um quarto até ser levada pela mãe para o hospital. A cicatriz existe até hoje.

E, assim, Bárbara, na época ainda um menino, fugia de casa com cada vez mais frequência e, várias vezes, dormia na rua. Ela acredita que, por ser uma criança loura de olhos claros, era tratada com mais piedade. Passava o dia no shopping e ganhava comida de funcionários, que percebiam que havia ali um problema familiar. Quando estava na rua, era quem ganhava mais donativos — o que gerou algumas brigas com outros meninos. Dormiu diversas vezes deitada sobre pedaços de papelão, folhas de jornal e bancos de praça. Sempre levava uma mochila com roupas para trocar e melhorar a aparência, mas tanto a mochila quanto seus sapatos costumavam ser roubados por outros meninos. Desse modo, tornava-se mais uma entre tantas crianças de rua, de pés descalços e roupas sujas, revirando lixo em busca de comida e esperando as sobras das feiras livres.

Bárbara alternava a miséria nas calçadas com a violência dentro de casa. Frequentou pouco a escola. Era outro ambiente hostil. No primeiro dia de aula, sempre recebia o apelido de *"viadinho* da sala". No segundo, já era o *"viadinho* da escola". Os xingamentos a levavam a se perceber como um menino gay, mas só aos doze anos começou a entender melhor quem era.

Houve um dia decisivo. Em um fim de tarde, ao perambular pela praça da República, no centro de São Paulo, se deparou com um show da travesti Natasha Dumont. Ao ver a performance, a então pré-adolescente se encantou e se identificou. Pensou que podia ser igual a ela. Pensou que sempre havia se sentido mulher, mas não sabia que existia essa possibilidade. A partir daí, começou a se vestir com roupas femininas e a usar maquiagem. Já nessa fase, foi abordada algumas vezes por policiais que perguntavam por que ela estava perambulando pelas ruas e perguntavam se tinha família. Bárbara, então, dizia a verdade, informava onde morava e era levada para casa, onde a mãe assinava um termo e a recebia de volta. Certo dia, porém, só o pai estava em casa quando a polícia bateu à porta. Quando ele abriu, os agentes informaram: "Trouxemos sua filha". O pai se recusou a recebê-la e disse que só tinha um filho, e Bárbara então foi declarada menor carente abandonada e encaminhada a um abrigo público. Saiu de lá só aos quinze anos, resgatada por uma irmã por parte de pai. Voltou para a casa dos pais e, a essa altura, não era mais agredida fisicamente, mas a violência psicológica continuou. O pai dizia que Bárbara era o filho dele que havia sido possuído pelo demônio.

Ela começou a participar de shows de travestis fazendo dublagens e cada vez mais andava, no dia a dia, maquiada e vestida com roupas femininas. Quando se desmontava, já não se reconhecia mais. Aos dezoito anos, decidiu que queria fazer a transição de gênero.

No Brasil, o Sistema Único de Saúde oferece a transição de gênero de graça para pessoas de todas as idades. Só há limitações quanto ao método. Crianças e adolescentes transexuais só podem fazer o bloqueio da puberdade, com um medicamento que impede temporariamente o desenvolvimento de características físicas com as quais a pessoa não se identifica, como o crescimento de seios, a menstruação, o aparecimento de barba e o engrossamento da voz. É indicado para pessoas dos nove aos quatorze anos de idade e é totalmente reversível — o desenvolvimento volta a ocorrer dentro do previsto após a retirada da medicação. Para quem tem dezoito anos ou mais, o SUS oferece a hormonioterapia, com injeções que ajudam a desenvolver características do gênero com o qual a pessoa se identifica. As mulheres transexuais observam o aumento dos seios, a redistribuição da gordura corporal e a diminuição dos pelos. As mudanças começam a aparecer entre dois e três meses e continuam por até dois anos. Esse é um tratamento que que o Conselho Federal de Medicina já autoriza até um pouco mais cedo, a partir dos dezesseis anos, embora pelo SUS o tratamento continue restrito a maiores de dezoito. Muitas pessoas transexuais encerram o processo nessa etapa. Outras se decidem pela cirurgia de redesignação sexual, também oferecida pelo SUS para maiores de dezoito anos. No caso de homens trans, é feita a retirada de seios e útero. Em mulheres trans, os testículos são removidos. Nos dois casos, também há uma intervenção para deixar o órgão sexual o mais parecido possível com o do sexo biológico oposto. Todos os tratamentos são longos e, em todas as etapas, é realizado um rigoroso acompanhamento médico e psicológico.

Bárbara começou a tomar hormônios e viu as mudanças chegarem — não só as físicas. A ideia da transição é trazer maior aceitação e um maior bem-estar físico, emocional e psicológico, mas a questão social costuma ser um problema. Na época, Bárbara tinha um namorado, um homem cisgênero (ou seja, que se identificava com seu sexo biológico) gay, que passou a sentir vergonha dela. Os dois acabaram terminando. Nas ruas, começou a ouvir xingamentos mais pesados e piadas constrangedoras — e acha que teve sorte por não ter sido fisicamente agredida. Também perdeu o emprego. Antes da transição, havia conseguido trabalho em uma balada alternativa, servindo bebidas. No meio do processo, foi demitida com o argumento de que "não contratamos você assim". Acabou se rendendo à prostituição, uma das raras fontes de renda disponíveis para pessoas transexuais que, entre tantas rejeições, também são discriminadas no mercado de trabalho. Segundo um levantamento da Associação Nacional de Travestis e Transexuais (Antra), com dados de 2021, nada menos que 90% das travestis e mulheres transexuais do país são empurradas para a prostituição em algum momento pela falta de oportunidades no mercado de trabalho. Aqui, é importante esclarecer que atualmente não há na prática nenhuma diferença entre travestis e mulheres trans. Inicialmente, o termo transsexual era aplicado somente a quem fazia a cirurgia de redesignação sexual, mas o conceito hoje é mais amplo. Cabe à pessoa definir como prefere ser denominada. Essa é uma escolha política, e não física. Travesti é um termo específico do Brasil e da América Latina e historicamente associado a violência, prostituição, pobreza, a pessoas vivendo nas ruas ou em cadeias. Ser designada mulher transexual pode ser uma tentativa de fugir a esse estigma, assim como a escolha por ser chamada de travesti é uma forma de lutar pela ressignificação do termo e humanizar essas pessoas.

Ao publicar seu perfil em um site de garotas de programas, Bárbara passou a ser muito procurada por clientes no Rio de Janeiro, ganhou mais dinheiro do que já havia conseguido em toda a vida e acabou se mudando de vez para a cidade. Na expectativa de ter um encontro amoroso, sem que houvesse pagamento envolvido, entrou em um fórum na internet para travestis, mulheres transexuais e homens cisgêneros. Nesse fórum, conheceu seu agressor. O homem chamou atenção de Bárbara por ser atencioso e cuidadoso, mas, no fim das contas, a agredia sistematicamente. Para complicar ainda mais a situação, ela se tornou financeiramente dependente dele. Quando o namoro se tornou sério, ela fez um curso de cabeleireira e conseguiu alguns empregos fora da prostituição, porém nada era o suficiente para se manter sozinha. Nas poucas vezes que desabafava com um amigo próximo, ouvia que aquilo ia passar e que ela deveria continuar com aquele homem que pagava as contas e ainda lhe proporcionava alguns luxos.

Jamais ocorreu à Bárbara denunciar as agressões e pedir ajuda à polícia. Ela imaginava que qualquer policial logo perguntaria: "Por que você não reagiu, já que você também é homem?". Aqui, cabem duas explicações. Uma vez que o processo de transição de gênero começa, uma mulher transexual deixa de ter a mesma força física de um homem cisgênero. O psiquiatra Alexandre Saadeh, especialista em transição de gênero do Hospital das Clínicas da Universidade de São Paulo, explica que o uso dos hormônios femininos leva a pessoa a perder massa muscular e ter mais dificuldade de produzir músculos. Depois de um período de no máximo dois anos, passa a ter força física próxima ao padrão de uma mulher cisgênero. E, independentemente de qualquer avaliação sobre a capacidade física de reagir, mulheres transgênero têm direito à proteção da Lei Maria da Penha. A lei fala em coibir a violência contra a mulher sem qualquer tipo de discriminação. Após alguns anos de incertezas, em que juízes divergiam sobre aplicar ou não a lei nos casos envolvendo mulheres trans, a sexta turma do Superior Tribunal de Justiça, em 2022, firmou entendimento por unanimidade de que a lei se aplica, sim, a mulheres transexuais, reconhecendo que se trata de violência baseada em gênero, e não em aspectos biológicos. Já a Lei do Feminicídio tem uma redação mais excludente, que fala em "condição do sexo feminino", o que pode ser interpretado como uma condição biológica, o que excluiria as mulheres transgêneros. E isso leva a aplicações variadas da lei, de acordo com o pensamento de cada juiz. Entretanto, no caso de violência doméstica, já está definido que mulheres trans têm os mesmos direitos que as mulheres cisgênero, como medidas protetivas e prioridade no atendimento de saúde.

De qualquer forma, se uma mulher cis já corre o risco de ser desacreditada, desestimulada e ridicularizada ao fazer uma denúncia de violência doméstica em uma delegacia, imagine o que uma mulher trans pode encontrar.

Bárbara também nunca procurou atendimento de saúde, apesar de ter sofrido lesões graves ao longo dos anos, pois recorrer a um hospital trazia um risco de humilhação. Ela ainda não tinha documentos com o nome social e se incomodava profundamente ao ser chamada em voz alta pelo nome masculino que constava na identidade e estava em total desacordo com a aparência e com quem ela era. No Brasil, só em 2009 houve um primeiro entendimento da Justiça autorizando a mudança de nome nos documentos de pessoas transgênero, embora ainda fosse necessário ter autorização judicial e comprovar a cirurgia de mudança dos genitais. Já em 2018, o Supremo Tribunal Federal reconheceu que a alteração do nome e do sexo nos documentos é um direito fundamental da pessoa transgênero e estabeleceu que não há necessidade de processo judicial, cirurgia ou laudo médico. Basta ir a um cartório e solicitar as alterações. A pessoa pode mudar o prenome, mas precisa manter o sobrenome. Pode, ainda, retirar nomes indicativos de gênero, como Júnior, Filho ou Neto.

O fim da rotina de violência na vida de Bárbara veio por um caminho inesperado. Em 2010, o casal se mudou para um condomínio de casas de classe média alta no Itanhangá, bairro nobre da zona oeste do Rio. Logo após a mudança, as agressões cessaram. Bárbara acredita que o marido estava com medo de algum escândalo na nova vizinhança, embora também tivesse começado a achar que ele parecia diferente de modo geral. Foi nesse momento que recebeu um golpe que não conseguiu suportar. Resolveu vasculhar o carro do marido enquanto ele dormia. Encontrou camisinhas, um celular extra com o registro de muitas ligações e mensagens trocadas com o mesmo número e um canhoto de cartão de crédito com a despesa na razão social de um estabelecimento que, numa rápida checagem no Google, descobriu ser o nome de registro de um motel do lado de casa. Quando o marido acordou, pela primeira vez, foi ela quem deu uns tapas nele. E, apesar toda a dependência financeira, psicológica e emocional, Bárbara saiu de casa.

Esse ato me deixou com uma interrogação na cabeça, porém, quando o entendi, foi o que mais me doeu. Por que Bárbara conseguiu reagir diante de uma traição, mas suportou anos de espancamentos, ameaças, medo e humilhações? Descobri que, para Bárbara, todo aquele sofrimento era um preço menor a ser pago para ter um bem maior e raro: o amor. Ela via aquele homem violento como um quase herói simplesmente por assumir um relacionamento com ela. Pensava que ninguém mais teria essa coragem. Pessoas transgênero costumam sofrer tanta rejeição da sociedade que, muitas vezes, passam a não se enxergar dignas de afeto. A começar pelo que acontece dentro de casa. Em uma conversa com um amigo querido, o estilista e ativista Carlos Tufvesson, ele me chama atenção sobre como o preconceito contra as pessoas LGBTQIAPN+ traz um tipo de desamparo muito cruel, porque começa cedo e dentro da família. Uma criança vítima de racismo costuma encontrar acolhimento em casa, inclusive porque os pais quase sempre também têm a mesma cor de pele e já conhecem a discriminação. Nos casos de preconceito religioso, em geral a família também está inserida na mesma crença e todos se apoiam. Já crianças e adolescentes gays que são discriminados na escola, por exemplo, muitas vezes sofrem em silêncio e enfrentam a dor profunda do não pertencimento e, quando buscam apoio familiar, podem ser rejeitados justamente por quem tem a missão de protegê-los. Muitos sofrem violência e são colocados para fora de casa pelos próprios pais. No caso de pessoas transgênero, não resta nem a opção de se esconder.

Tufvesson me contou a história de uma amiga, travesti, que sempre que sai para comprar um pão que seja é apontada na rua, encarada, ouve piadas. Ela diz que é como se fosse uma estrela da Globo, mas sem os benefícios, só com a exposição e a maldade que costumam acompanhar a fama. É uma vida inteira vendo-se obrigada a lidar com a dor profunda de se sentir menos gente em qualquer ambiente ou círculo social.

Bárbara encarava aquele relacionamento como se fosse um favor. E, quando compreendi isso, esse foi o momento em que quis entrar pela tela do computador, durante nosso papo virtual em plena pandemia, e lhe dar um longo abraço.

Conheci Bárbara alguns anos antes dessa nossa conversa. Na época, ela tinha voltado aos estudos, cursava jornalismo e veio me entrevistar para um trabalho do curso. Já havia saído do relacionamento violento e encontrado um caminho no ativismo pela causa LGBTQIAPN+. Chegou a ser presidente da ANTRA e representante da sociedade civil no Conselho Estadual LGBT, mantido pelo governo do Rio de Janeiro como um órgão consultivo e deliberativo.

O ativismo a levou à plateia do programa *Amor & sexo*, da TV Globo, que ficou nove anos no ar discutindo abertamente temas e tabus ligados à sexualidade. Lá, fez algumas intervenções explicando o que era transexualidade e como funcionava a cirurgia de redesignação sexual. Os esclarecimentos claros e diretos chamaram a atenção da produção do programa, e Bárbara acabou contratada para fazer parte da equipe, na qual ficou por dois anos. A partir dali, também fez outros trabalhos na emissora, como figuração em novela e consultoria para uma série de reportagens. Alternava esses trabalhos com a profissão de cabeleireira e com entregas de bicicleta — tudo que tivesse oportunidade de fazer fora da prostituição. Em 2023, foi contratada pela prestigiada Fundação Oswaldo Cruz na Coordenação de Equidade, Diversidade, Inclusão e Políticas Afirmativas. Está feliz no trabalho.

Só soube da violência doméstica que Bárbara sofreu durante a pandemia, quando ela fez uma live no Instagram, em que contou pela primeira vez sobre as agressões. Bárbara me contou que a reação da maioria das pessoas que assistiram foi de surpresa por não imaginar que alguém que nasceu com o sexo biológico masculino também pudesse estar sujeito à violência física. Bárbara, por meio de sua história, desconstrói muito do estereótipo em torno de mulheres transgêneros e travestis.

Há uma corrente do feminismo que é contra a inclusão de mulheres trans no movimento por considerar que só quem nasceu com o sexo biológico feminino sente os efeitos do machismo desde o primeiro momento e também ao longo da história, com opressão e direitos negados. Bárbara, no entanto, mostra que há um ponto inegável de convergência. Mulheres, sejam cis ou transgêneros, podem ser vítimas da violência que se origina do simples fato de os homens acharem que são os donos de corpos e mentes femininos.

Bárbara segue na batalha em um mundo onde as possibilidades de amor, dignidade e trabalho são escassas para pessoas como ela. No campo do amor, depois de alguns anos solteira, teve um namoro de seis anos com um homem transgênero, no qual conheceu o que é um relacionamento com paz e como é ter apoio de uma família. Foi acolhida pela sogra, assim como pelo padrasto, pela avó e pelos primos do namorado. Eles formavam a típica grande família da zona norte do Rio de Janeiro, com casa cheia aos domingos e nos aniversários. Tudo que ela sempre quis e nunca tinha experimentado.

Com a própria família, o relacionamento é mais esporádico. A mãe já faleceu. O pai ainda está vivo e, até hoje, nas poucas vezes que fala com Bárbara, usa pronomes de tratamento masculinos. É um desaforo que ela ainda tolera. Hoje, Bárbara já fez a modificação nos documentos, e o Estado a reconhece como Bárbara Aires de Oliveira, gênero feminino. E ela própria se reconhece como cidadã, como uma pessoa de direitos — dentre eles, os mais importantes: ser respeitada, ser amada e ser feliz.

14

QUERO SUMIR

O NOME OFICIAL DO edifício é Conjunto Habitacional Marquês de São Vicente, mas quem mora no Rio de Janeiro o conhece como Minhocão. É um prédio de seis andares na Gávea, um bairro nobre, e construído nos anos 1950 sobre um dos túneis da autoestrada Lagoa–Barra, uma das vias mais movimentadas da cidade, segundo um ranking da prefeitura. Por lá, passam cerca de 68 mil carros por dia, e os engarrafamentos nos horários de pico são um tormento diário na vida dos motoristas — assim como a poluição dos carros e o barulho são um inferno constante para os moradores dos 308 apartamentos do Minhocão. No último andar do prédio, fica uma área em comum, sustentada por pilotis e cercada por muretas baixas, sem janelas ou qualquer proteção. E foi ali, em uma manhã de agosto de 2018, que uma moradora permaneceu por longos minutos debruçada, encarando a pedra na qual foi escavado o túnel. Wanessa foi até lá decidida a se jogar.

Ela não tem certeza, mas acha que passou cerca de vinte minutos ali, tempo suficiente para repassar mentalmente a vida inteira. Naquele momento, Wanessa só pensava que morrer seria a solução para acabar com o sofrimento causado pelas surras que o marido dava nela e no filho, então com sete anos. Pensou que ela era o problema, que ele batia na criança por raiva dela e fantasiou que, se ela não existisse mais, aquele homem seria um bom pai.

Ouvir esse depoimento me deu uma noção do tamanho do desespero de Wanessa. Partir deixando um filho ainda pequeno é um dos maiores pesadelos de qualquer mãe, porém mães também são capazes de tudo pela felicidade de um filho — com todos os erros que esse "tudo" pode trazer. Para muitas mulheres, tirar a própria vida parece ser o único caminho para encerrar o sofrimento.

A ideia de que cometer um ato tão terrível vai ser melhor para os outros é um dos pensamentos suicidas mais comuns. O boletim epidemiológico do Ministério da Saúde divulgado em 2021 analisou suicídios e casos da chamada violência autoprovocada —, o que em geral significa tentativa de suicídio. Foram analisados os casos registrados de 2010 a 2019 pelo Sistema de Informação de Agravos de Notificação (Sinan), abastecido por informações enviadas pelos serviços de saúde do país para casos nos quais a notificação é obrigatória. Isso inclui o suicídio ou as tentativas. A pesquisa mostrou que, no primeiro quesito, os homens são maioria, mas as mulheres compõem 71% dos casos de lesão autoprovocada. A conclusão é de que homens têm mais acesso a armas de fogo e são mais agressivos; por isso, as taxas de morte são mais altas. Entre as mulheres, são maiores as taxas de ideação e tentativa de suicídio. A maioria (60%) tenta o suicídio por envenenamento. Do total, 82% dos casos acontecem em casa e estão, principalmente, entre as mulheres na faixa de 20 a 39 anos (46%). Não há um levantamento de quantos casos são ligados à violência doméstica. A triste decisão de tirar a própria vida vem de vários fatores. O maior deles é a depressão. No entanto, não é raro mulheres que entram em depressão por causa da violência doméstica. Quando buscam atendimento, saem muitas vezes com uma receita de antidepressivo que não resolve a violência dentro de casa.

Em 2013, pesquisadores de universidades do Reino Unido, da Suécia e da Austrália publicaram um estudo realizado em vários países que analisava a relação entre violência doméstica, depressão e suicídio ou tentativas. Eles concluíram que existe uma via de mão dupla. A violência doméstica está associada ao desenvolvimento de transtornos como depressão e ansiedade e é um fator que aumenta as chances de tentativas de suicídio entre mulheres. Alguns estudos com irmãs gêmeas mostram que a exposição a eventos traumáticos, como agressão doméstica e sexual, aumenta o risco de depressão, independentemente de fatores relativos à infância ou à adolescência. Por outro lado, mulheres com sintomas depressivos têm maior probabilidade de se envolver com parceiros violentos e maior dificuldade em sair de relacionamentos abusivos. O estudo recomenda exatamente que se inclua a investigação sobre a existência de violência doméstica no atendimento a mulheres com depressão. Da mesma forma, sugere que mulheres que já estão em tratamento contra depressão devem ser acompanhadas com atenção ao risco de virem a se envolver em relacionamentos abusivos.

Marquei um encontro com Wanessa numa tarde de 2021, ao ar livre e de máscara, por causa da pandemia. Ela é uma mulher muito bonita, loura, alta, com as unhas feitas, o cabelo escovado, e que usava um salto alto. Foi difícil enxergar a mesma pessoa quando ela me mostrou as fotos de vários momentos em que foi agredida e teve a sabedoria de registrar. O rosto aparece completamente desfigurado, inchado, repleto de hematomas, e há marcas de esganadura no pescoço. Em uma das fotos, dá para ver uma grande mancha no formato de uma mão espalmada em suas costas. Uma tristeza enorme salta daquelas imagens.

Wanessa tinha dezenove anos quando conheceu seu agressor. Foi na faculdade de administração que ela começou a frequentar e ele, dez anos mais velho, parecia que ia finalmente terminar. Wanessa estava no início de uma mudança muito batalhada. Moça simples, criada apenas pela mãe em São Gonçalo (município na região metropolitana do Rio e o segundo mais populoso do estado), ela via na faculdade e na mudança para a capital a chance de uma nova vida. Mãe e filha passaram a dividir um apartamento em Copacabana. A filha estudava e trabalhava como vendedora em uma loja para pagar a faculdade e ajudar nas despesas de casa.

Rodrigo fazia parte da juventude rica do Rio de Janeiro. Nascido em São Paulo, mudou-se para o Rio ainda criança e foi criado no Leblon, o bairro mais caro da cidade. Nunca passou por dificuldades financeiras. As realidades muito diferentes não impediram que os dois se aproximassem.

Ele foi o primeiro namorado de Wanessa e queria ter relações sexuais sem preservativo. Foi Rodrigo quem a levou pela primeira vez na vida a um ginecologista para que ela começasse a tomar um anticoncepcional. Inexperiente, ela não via o quão invasivo era terceirizar dessa forma as decisões sobre seu corpo. Pelo contrário, se sentia cuidada e protegida. Mesmo tendo começado a tomar pílula, com poucos meses de namoro, Wanessa engravidou; e as famílias, dos dois lados, fizeram pressão para que eles se casassem. Os dois então decidiram morar juntos.

O casal se mudou para um apartamento alugado pelos pais de Rodrigo que, a essa altura, tinha largado o emprego numa operadora de celular e deixado as contas da casa nas costas de Wanessa, com o argumento de que a família dele já pagava o aluguel. Sem condições de continuar arcando com a faculdade, Wanessa então trancou o curso. Acabou perdendo o bebê por uma má-formação.

Um ano depois, Wanessa engravidou novamente e, ao dar a notícia, feliz da vida, recebeu do marido uma reação inesperada. Rodrigo queria que ela abortasse. A jovem não concordou, e foi ali, naquele momento que costuma ser tão alegre para tantos casais, que ela levou o primeiro empurrão. No entanto, as agressões não físicas já estavam presentes desde o início da relação e ela não tinha percebido.

A rotina de violência, como na maioria dos casos, começou com crises de ciúme e tentativas de controle, desde fiscalizar a roupa com que ela saía até afastá-la das poucas amigas que tinha feito no Rio.

"Era como se eu tivesse que escolher entre ele e o mundo", Wanessa lembra. Ainda assim, ela achava que isso era uma demonstração de cuidado. Depois, veio a violência verbal. Tornaram-se comuns os gritos quando, por exemplo, ela se atrasava para fazer o café da manhã. "Porra, você não serve para nada", ela escutava muito também. Mais uma vez, Wanessa não entendeu esses atos como agressões e achava que o marido apenas andava nervoso e estressado do dia a dia. Daí vieram os xingamentos. E, do dia do anúncio da gravidez em diante, houve muitos empurrões que logo levaram aos tapas, socos, chutes e enforcamentos — e também às mudanças constantes de casa para fugir dos vizinhos que não suportavam os escândalos e ficavam alarmados por saber que era uma mulher grávida naquela situação. A polícia foi chamada várias vezes. Quando batia à porta do casal, Wanessa já esperava o de sempre. Rodrigo bloqueava a porta com o braço e ameaçava: "Se você falar alguma coisa, eu vou te matar". Wanessa, então, abria a porta e dizia que não estava acontecendo nada. A polícia ia embora sem maiores questionamentos.

Os contratos de aluguel nunca eram cumpridos até o fim. Em uma ocasião, na Urca, já com a gravidez adiantada, o casal foi expulso do prédio depois que Rodrigo, além de espancar a esposa, promoveu uma quebradeira no apartamento do casal. A cada mudança, Wanessa tinha uma nova esperança de que as coisas melhorariam. Seguindo o roteiro clássico da violência doméstica, depois das agressões o marido prometia mudar, dizia que iam viver em paz, implorava para que ela não o deixasse, que não saberia viver sem Wanessa. A paz prometida e tão sonhada pela jovem não durava mais que uma semana. O terror se reinstalava por qualquer pretexto. Era comum começar com uma reclamação sobre a comida, que escalava para Rodrigo jogar o prato em cima de Wanessa, obrigá-la a limpar e a pedir perdão para ele. De joelhos, apavorada, Wanessa obedecia e fazia tudo que pensava ser possível para não deixar o marido nervoso.

A hostilidade à gravidez dela chegava ao ponto de Rodrigo agarrá-la por trás e apertar a barriga com força. Wanessa passou, então, a dormir no outro quarto da casa com a porta trancada. Rodrigo também socava as paredes e quebrava móveis. Se a esposa chorava, ele a ameaçava dizendo que, na próxima vez, quebraria a cabeça dela.

Quando o bebê nasceu, a mãe de Wanessa foi passar um período com o casal para ajudar com o recém-nascido. Nem a presença da sogra intimidou Rodrigo. Sete dias após o bebê chegar da maternidade, ele chegou bêbado depois de uma noitada com amigos. Wanessa acordou no meio da noite e ficou apavorada ao ver que o marido estava com o bebê no colo. Pediu pelo amor de Deus que não machucasse o filho. Ele, então, botou o bebê no berço e partiu para cima da esposa. Depois de tapas e empurrões, foi tomar banho e dormiu dentro do banheiro com o chuveiro ligado. Acordou na tarde seguinte pedindo perdão. Chocada com as agressões que viu, a mãe de Wanessa insistiu com a filha que aquilo não era certo, que ela deveria chamar a polícia, que ele não iria mudar, mas Wanessa apenas respondia que Rodrigo agora era a família dela. Sem ser ouvida e desesperada com a situação, a mãe foi embora cinco dias depois, bem antes do previsto, porque não aguentava mais ver a filha sendo agredida.

O tempo passou, o filho cresceu e as agressões ficavam cada vez piores. Wanessa conseguiu um emprego melhor como auxiliar administrativa de uma escola. Durante o expediente, ela se sentia livre e segura por algumas horas. E ainda podia dar umas olhadas no filho, que ganhou uma bolsa na escolinha. Nessa época, já quase não havia períodos de trégua em casa, por mais curtos que fossem. As surras eram diárias e ainda mais fortes quando Rodrigo bebia muito — e ele bebia todos os dias. O marido a espancava e dizia: "Olha o que você fez eu fazer com você", usando o mecanismo recorrente em que agressores jogam a culpa da própria violência sobre a vítima.

Quando as agressões deixavam marcas que ela não conseguia esconder com roupas ou maquiagem, Wanessa inventava desculpas, mentia sobre doenças e só voltava a trabalhar quando as marcas desapareciam ou podiam ser camufladas. Uma pesquisa sobre violência doméstica familiar realizada pela Universidade Federal do Ceará em convênio com o Instituto Maria da Penha acompanhou 10 mil mulheres entre 2016 e 2018 nas nove capitais do Nordeste. A conclusão, divulgada em 2019, foi de que as mulheres vítimas de violência faltam ao trabalho, em média, dezoito dias por ano. A projeção é de uma perda anual de 1 bilhão de reais para a economia.

No Carnaval de 2016, Wanessa viajou com o filho e os sogros, mas voltou para casa mais cedo que o planejado. Encontrou a casa revirada, com garrafas de cerveja vazias por todo lado, uma cortina caída, a cama do filho quebrada e o marido... dormindo pelado ao lado de uma desconhecida na cama do casal. Wanessa começou a gritar e mandou que o filho fosse para a sala. Rodrigo acordou e começou a agredi-la. Jogou Wanessa na cama, segurou os braços dela, lhe deu tapas na cabeça e cuspiu em sua cara. Assustado, o filho, então com seis anos, foi até a porta do quarto e começou a gritar para que o pai largasse a mãe. Rodrigo, então, levantou e saiu de casa, não sem antes dizer para o filho: "Está vendo o que sua mãe faz?". Ainda sobrou para Wanessa, machucada, humilhada e preocupada com o filho, limpar toda a casa.

Um dia, Wanessa reagiu. Era domingo de manhã, ela preparava o almoço e Rodrigo lhe pediu dinheiro para sair. A essa altura, ele não tinha emprego fixo, fazia alguns bicos como segurança e não pagava nenhuma conta da casa. Apenas os pais dele bancavam o aluguel e, às vezes, enviavam compras de supermercado. Wanessa disse que não tinha dinheiro, e ele, então, tentou bater nas costas dela, mas ela se virou empunhando a faca com que cortava o frango. O filho chegou na cozinha, viu a cena e gritou: "Machuca ele, mamãe. Não deixa ele te machucar". Imagine a tristeza de ver seu filho de seis anos pedindo para que o pai fosse esfaqueado. Pela primeira vez, Rodrigo se assustou e saiu de casa dizendo mais uma vez para o filho: "Viu o que sua mãe faz? Ela quer me matar". Na verdade, ele era quem estava matando Wanessa aos poucos.

As agressões eram de todos os tipos. Rodrigo pegava dinheiro de Wanessa, chegava bêbado e se jogava na cama do filho, que acordava chorando. Uma vez, perdeu a cópia da chave de casa e levou a da mulher, deixando mãe e filho trancados dentro do apartamento. O menino começou a ser mais firme na defesa da mãe, dizia que odiava o pai e queria que ele morresse. Foi, então, que começou a ser agredido também.

O pai era o responsável por pegar o filho na escola. Quando Wanessa chegava em casa, algumas horas mais tarde, percebia hematomas no menino. Um dia, ele estava com uma máscara do Homem-Aranha e não queria tirá-la de jeito nenhum. A mãe perguntava o que estava acontecendo, e ele dizia que não era nada. Quando, enfim, foi convencido, Wanessa viu que o filho estava com o olho roxo. A ideia de separação estava cada vez mais forte para Wanessa, mas, apesar de trabalhar, ela ganhava um salário baixo e ainda dependia financeiramente do dinheiro dado pela família do marido. Além disso, enfrentava ameaças e uma espécie de tortura psicológica: sempre que falava em divórcio, o marido lançava mão do trunfo de ter vindo de uma classe social mais alta e dizia coisas como: "Você não é nada. Você não é ninguém. Você veio de um lugar merda. Quem você pensa que é para se separar de mim? Vou pegar o meu filho e você nunca mais vai vê-lo". Até mesmo o sogro de Wanessa fazia coro para o filho: "Você vai se separar dele e vai para onde? Não é melhor vocês continuarem assim e fica todo mundo bem?". Entretanto, nesse conceito torto de família, Wanessa e seu filho não estavam nada bem.

Os dois sofriam juntos. Sempre que Wanessa apanhava, o filho já ia na geladeira e pegava uma bolsa térmica para ela "colocar no machucado". A dor já nem era mais física. Era da alma. Começou a surgir em Wanessa a vontade de morrer.

Uma tarde, sem esperanças, bebeu desinfetante e tomou uma cartela inteira de Rivotril. Queria não acordar mais, porém despertou na madrugada do dia seguinte e, então, tomou outra cartela inteira do tranquilizante. Dormiu mais e acordou de manhã com o marido e o filho chamando por ela. Ainda grogue, deixou o apartamento no quarto andar, e foi quando subiu até o terraço para se jogar e dar um fim àquela dor. O marido saiu em busca dela perguntando aos vizinhos, e foi ele quem a encontrou, a puxou da beira da mureta e chamou os bombeiros. Wanessa foi imobilizada com uma camisa de força, saiu arrastada pelos corredores e foi levada para o Philippe Pinel, o famoso hospital psiquiátrico do Rio.

Quando voltou a si, Wanessa pediu para chamar um tio que tinha reencontrado havia pouco tempo e que sabia das agressões. Foi ele quem disse aos médicos que a sobrinha não era louca e explicou a situação. Wanessa foi atendida e liberada, já de noite, aos cuidados do tio. Ficou dois dias na casa dele, que fez o alerta: "Filha, se você voltar, você vai terminar o que você começou. Você vai morrer". Foi quando Wanessa finalmente reagiu. Saiu de lá, encontrou o filho na casa dos avós paternos e não cedeu às pressões de todos os lados para que ela reconsiderasse a separação. Ficou por algumas semanas com o filho na casa dos sogros, tendo que ouvir que era uma ingrata por ter abandonado o marido, até que eles concordaram em pagar o aluguel de um apartamento menor para Wanessa ficar apenas com o menino.

Wanessa se mudou com o filho para uma quitinete em Copacabana. O marido não pagava pensão, mas os sogros bancavam o aluguel, e ela então deixou por isso mesmo. Achou que, enfim, seria feliz, livre, já que o agressor não estava mais dentro de casa. No entanto, Rodrigo fazia questão de permanecer presente. Aparecia do nada no trabalho de Wanessa, telefonava para lá e ameaçava contar a todos que ela era louca e tinha tentado se matar. Era um tormento que a jovem ia suportando, aliviada pelo fim das agressões físicas, torcendo para o tempo agir e ela ser esquecida pelo ex-marido.

Um ano depois da separação, convencida por uma amiga do trabalho, Wanessa entrou em um aplicativo de relacionamentos. Deu *match* com um rapaz chamado Leonardo e os dois começaram a se encontrar. Então se apaixonaram. A notícia do novo relacionamento reacendeu a perseguição de Rodrigo. Ela se envergonhava de contar tudo o que havia passado para o namorado, mas estava ficando difícil disfarçar. Mais de uma vez, estava com ele quando recebia uma ligação no celular de um número desconhecido. Ao atender, logo percebia que quem estava do outro lado da linha era o ex-marido, ensandecido, gritando que ia contar para ele sobre a tentativa de suicídio e dizer que Wanessa era desequilibrada. O namorado percebia o desconforto, porém ela permanecia ocultando toda a história. Mais do que isso, a jovem começou a se culpar, achando que não tinha o direito de trazer uma pessoa nova para esse problema tão grande. Entrou novamente em depressão. Foi aí que tentou tirar a vida mais uma vez, corroborando a já citada pesquisa do Ministério da Saúde, que mostra que 41% das pessoas que tentam o suicídio o fazem mais de uma vez.

Depois de um jantar com Leonardo, Wanessa entrou em casa, engoliu os comprimidos de duas caixas de paracetamol e cortou os pulsos e o pescoço com uma lâmina de barbear. O paracetamol, um analgésico comum e popular, vendido livremente sem receita, se tomado em excesso, pode ser tóxico, especialmente para o fígado, e pode levar à morte. Ela conta que o sofrimento era tão grande que nem sentiu a dor dos cortes. A caminho de casa, na Tijuca, zona norte do Rio, o namorado teve um pressentimento e começou a ligar insistentemente para Wanessa. Quando ela finalmente atendeu, contou o que tinha feito e falou que queria se despedir. Leonardo já estava longe, mas disse que estava voltando e que iria acionar os bombeiros, que chegariam mais depressa. Lembrando-se da camisa de força, Wanessa enrolou os ferimentos com roupas, vestiu um casaco e fugiu do apartamento. Ficou na esquina, viu os bombeiros entrarem e saírem do prédio e só aí voltou ao apartamento. O namorado chegou em seguida e a levou para o hospital.

Quando acordou e viu Leonardo a seu lado, pediu o próprio telefone, o desbloqueou e disse que ele poderia ver tudo. Lá estavam as fotos das agressões e as inúmeras mensagens de voz com xingamentos e ameaças. Em uma dessas coincidências inexplicáveis, Leonardo havia trabalhado no Centro de Valorização da Vida (CVV), que atua na prevenção de suicídios. Participou de cursos de formação e, durante dois anos, foi voluntário, fazia plantão uma vez por semana de uma às quatro da madrugada atendendo a telefonemas de pessoas que estavam no limite de tirar a própria vida. Com a experiência que tinha, ele sabia o que fazer. Pediu um atestado para levar no trabalho de Wanessa, a convenceu da necessidade de tratamento e providenciou a transferência dela para um hospital psiquiátrico.

Só então Wanessa foi diagnosticada com transtorno de estresse pós-traumático e recebeu o tratamento adequado. Na tentativa anterior, havia recebido indicação para que fizesse terapia, mas compareceu a apenas três sessões e não tomou nenhum tipo de medicação. Dessa vez, ficou quinze dias internada e recebeu alta com medicação e prescrição de terapia três vezes por semana, que ela seguiu à risca.

Leonardo também a ajudou a, enfim, denunciar o ex-marido à polícia. Wanessa achava que não tinha a menor chance de conseguir registrar uma queixa tantos anos após o início das agressões. O namorado, então, lhe explicou que não era bem assim. E não é mesmo. Pela lei brasileira, alguns tipos de crime só passam a ser investigados após a vítima prestar queixa e, para isso, ela tem em geral seis meses após o ocorrido. É o chamado prazo de decadência, que, em se tratando de violência doméstica, ainda se aplica aos crimes menos graves, como ameaça e *stalking* — e já há um projeto de lei em tramitação na Câmara de Deputados que aumenta esse prazo para doze meses. Contudo, nos casos mais graves, como os de lesão corporal, o Estado pode investigar e punir os culpados dentro do prazo de prescrição do crime, que é bem maior, varia entre três e vinte anos – geralmente equivale à metade da pena máxima prevista. Além disso, o inquérito pode ser iniciado a partir de uma representação tanto da vítima quanto de qualquer outra pessoa que faça a denúncia. Claro que, quanto mais tempo decorrido, mais difícil se torna reunir as provas necessárias para incriminar o suspeito, mas é possível buscar a Justiça mesmo após alguns anos.

Assim, Wanessa conseguiu medida protetiva contra Rodrigo. Ele ficou proibido de se comunicar com ela e tinha que manter distância de 250 metros. Wanessa ainda contava com expedientes de segurança mais modernos: tinha um botão de pânico, e o agressor usava tornozeleira eletrônica. Os dois equipamentos são conectados por GPS. Quando o portador da tornozeleira se aproxima, o botão de pânico dispara para alertar a vítima. Ao mesmo tempo, a central de monitoramento da polícia é avisada e entra em contato com o agressor. Por esse dispositivo, Wanessa registrou alguns momentos em que o ex-marido se aproximou além do permitido, especialmente chegando aos arredores do trabalho dela. Os casos foram, em seguida, denunciados por ela na delegacia, já que o descumprimento de medida protetiva é um crime em si, com pena de dois a cinco anos de prisão. No entanto, como a polícia não tomou nenhuma atitude, Wanessa também entrou com uma ação na corregedoria.

Outra mudança na vida de Wanessa foi que ela passou a morar com Leonardo depois que os sogros, em represália pela ex-nora ter denunciado Rodrigo, pararam de pagar o aluguel da quitinete. Quando conversamos, ela ainda lutava na Justiça para que os encontros de Rodrigo com o filho fossem supervisionados, já que o menino sempre se queixa das atitudes violentas do pai. Um dia, ele contou que Rodrigo o sentou no parapeito da janela e ameaçou jogá-lo lá embaixo. O filho de Wanessa faz tratamento psicológico.

Convidado a dar sua versão da história, Rodrigo respondeu por mensagem de texto que tentaria arrumar tempo para conversar comigo, porém estava muito atarefado em seu novo emprego. Ele se mudou para o Sul e estava, ironicamente, trabalhando como salva-vidas. Totalmente desconectado de provas, testemunhas, processos e apurações policiais, incluiu na mensagem a versão de que só deu amor a Wanessa e que ela não aceitava a separação.

Wanessa voltou a estudar e, aos 32 anos, estava terminando a faculdade, que começou aos dezenove — a mesma que o ex-marido nunca concluiu. As cicatrizes do sofrimento ainda estão lá, mas, em cima das marcas dos cortes no pescoço e nos braços, ela fez tatuagens de flores. "Aprendi a ressignificar todas as coisas ruins que me aconteceram", ela me contou. "Óbvio que, às vezes, eu lembro, vem a emoção, mas aí eu me coloco no presente. A minha realidade hoje é completamente diferente, eu me sinto segura. Quando olho para essas flores, lembro da vida. Sei que ainda tenho uma batalha muito grande pelo meu filho, até por mim mesma, mas, hoje, eu me sinto viva".

15

Eu não sou o que fizeram comigo

Comecei este livro dizendo que não entendo o perdão. Termino, porém, compreendendo um pouco mais esse sentimento. E graças a Rosângela. Esta história, porém, começa no outro extremo, no ódio mais profundo.

Num sábado, 4 de abril de 2009, Rosângela voltava do trabalho em uma loja de móveis em São Gonçalo, na região metropolitana do Rio. A casa onde morava com as duas filhas, de dezessete e dezenove anos, tinha um quintal em comum com a casa de sua mãe. Naquele fim de tarde, a família estava ali reunida: as filhas, o namorado de uma delas, a mãe, uma irmã e sobrinhos. Até que apareceu uma presença indesejada. O ex-marido de Rosângela, Walmir, chegou insistindo para conversar. Ela, porém, não quis papo. Para chamar atenção, ele começou a fazer comentários desagradáveis e, naquele momento, difíceis de entender. Disse, por exemplo que a sogra, que usava cadeira de rodas, iria "pular muito naquela cadeira". Pouco tempo depois, foi embora.

Por volta de nove da noite, o homem voltou, encontrou o portão aberto, entrou na casa adentro e foi direto para o banheiro. Ao perceber a presença do ex-marido, Rosângela foi atrás dele para pedir que fosse embora. Quando ele saiu do banheiro, estava nervoso e perguntava aos berros por que todo mundo o agredia, embora Rosângela repetisse que ninguém estava fazendo aquilo. Só aí, em meio a esse diálogo incompreensível, ela percebeu que Walmir trazia em uma das mãos uma garrafa PET com um líquido amarelado e, na outra, um isqueiro. Ele, então, apertou a garrafa plástica e espirrou seu conteúdo no rosto da ex-mulher. Era gasolina. Walmir acendeu o isqueiro e um terror inimaginável se tornou realidade na vida de Rosângela.

    Rosângela e Walmir estavam separados havia seis meses, e ela experimentava uma vida mais leve ao lado das filhas. Foram 21 anos de um relacionamento que começou quando Rosângela tinha dezoito. No início, esperava construir uma família unida, mas com o tempo passou a achar o marido acomodado e se chateava pelo pouco envolvimento dele na educação das filhas, em especial por morarem em uma comunidade dominada pelo tráfico de drogas. Ela cobrava que o marido desse mais atenção às meninas, que cuidasse mais da proteção delas, mas Walmir nunca se engajou na criação das filhas. A situação ficou insustentável para Rosângela quando ele passou a chegar em casa cada vez mais tarde e cada vez mais bêbado. Ela pediu o divórcio. Ele saiu de casa, mas não aceitava o fim do relacionamento. Ia insistentemente ao trabalho de Rosângela, tanto que uma colega a aconselhou a registrar um boletim de ocorrência na delegacia. Rosângela achou exagero. Disse que ele só estava querendo chamar atenção e aquilo ia passar. Até aquele momento, o então ex-marido nunca havia sido violento. Mesmo quando bebia, tendia mais a ficar quieto. Não era agressivo. Naquela noite de sábado, mesmo quando ele chegou na antiga casa visivelmente alterado, ninguém ali poderia imaginar o que estava para acontecer.

    Rosângela se recorda de detalhes dos momentos logo após o ataque. Em choque, ela tentou chamar pelas filhas e gritar, mas a sensação era de estar sufocada, como que engolindo uma bola de fogo. Por sorte, se é que existe alguma sorte em uma situação como essa, ela estava de óculos, e assim os olhos foram protegidos. Naquele momento, vieram à sua cabeça cenas de filmes em que o personagem está sendo queimado e rola no chão para apagar o fogo. Correu, então, até a rua, se jogou no chão e rolou no asfalto e no meio do lixo que se acumulava na beira da calçada. Só pensava que não queria morrer. A filha mais velha, também se lembrando do que havia visto em filmes, correu atras da mãe e começou a bater nas chamas que se espalhavam pela cabeça e pelos braços.

    Após um tempo impreciso de segundos ou minutos intermináveis, as manobras copiadas do cinema funcionaram e o fogo foi apagado. Rosângela se lembra de sair andando desnorteada, da agitação das pessoas na rua e da imagem da filha mais nova em desespero sendo amparada por um vizinho. O fogo estava extinto, mas ela sentia que continuava queimando de dentro para fora, uma dor desconhecida até então e que ela descreve como absurda. Na fuga, Walmir ainda usou o resto da gasolina para atear fogo num sobrinho da ex-esposa, de vinte anos, que sofreu ferimentos no rosto, no braço e na barriga.

Acionada por um vizinho, a ambulância chegou pouco depois, levando as vítimas para o hospital. O rapaz teve crises de pânico na hora dos curativos, mas os ferimentos eram menos profundos, e ele teve alta alguns dias depois, sem nenhuma sequela definitiva. Já Rosângela deu entrada no pronto-socorro de São Gonçalo em estado gravíssimo. Tinha queimaduras de primeiro, segundo e terceiro graus em 65% do corpo. Os piores ferimentos foram no rosto, no pescoço, no colo e nos braços. Mais da metade de seu corpo precisou ser enfaixada. O rosto ficou tão inchado que chegou a bloquear a visão. Rosângela enxergava apenas por uma fresta entre as pálpebras. Não conseguia falar. No CTI, tentava identificar a silhueta das pessoas que vinham visitá-la e ouvia comentários de que não iria sobreviver.

Rosângela também não conseguia comer inicialmente e era alimentada por sonda. Ficou dois meses internada em um pronto-socorro com pouca estrutura, onde por vezes faltavam profissionais, remédios ou pomada para os curativos. Os médicos que a atenderam queriam raspar a cabeça dela para que o cabelo não fosse fonte de infecção. As enfermeiras assumiram a responsabilidade de lavar e isolar os cabelos com uma touca por acharem que Rosângela já tinha perdido demais. A solidariedade feminina fez muita diferença. Ela não se esquece da fisioterapeuta que passava noites conversando com ela e trazia água de coco para que tomasse de canudinho, assim que a ingestão de líquidos foi liberada pelos médicos. E foi no hospital que conheceu a organização não governamental Movimento de Mulheres de São Gonçalo. Antes até mesmo da polícia, integrantes da ONG chegaram logo no primeiro dia de internação e deram todo o apoio e as orientações de que Rosângela necessitava. Além disso, ajudaram sua filha mais velha a registrar queixa na delegacia. Walmir tinha fugido para a casa de parentes em Minas Gerais, mas foi preso quatro meses depois.

Da cadeia, Walmir escreveu para Rosângela. Foram quatro cartas nas quais pedia a ela que retirasse a queixa, dizendo que queria ajudá-la na recuperação e implorando perdão. Ela nem respondeu. Não havia chegado esse momento. Ainda estava tomada pelo sofrimento e pela raiva. E, mesmo que não estivesse, a Lei Maria da Penha não permite que a vítima retire a queixa quando a acusação envolve lesão corporal. O crime é considerado de ação pública incondicionada, quando o Ministério Público pode iniciar ou seguir com um processo independentemente da vontade da vítima.

Depois de dois meses internada, Rosângela foi para casa. Ela até hoje se recorda do estranhamento quando se viu no espelho. Não se reconhecia mais. Mesmo assim, não se desesperou. Sentia alívio por ter sobrevivido.

Em casa, enfrentou uma batalha difícil e dolorosa. Ao longo do primeiro ano depois do ataque, tinha dificuldades tanto para ficar acordada quanto para dormir, porque sentia dor e coceira. Ficava se batendo onde os queloides estavam se formando.

Durante aquele primeiro ano, a filha mais velha ajudava nos curativos. Eram momentos muito sofridos para as duas. A mãe chorava de dor, a filha chorava de raiva. Dizia que ia matar o pai. Foi perdendo peso. Era a filha mais extrovertida e alegre, mas se tornou retraída e estava sempre revoltada. Para Rosângela, ver o ódio crescendo na filha, então com dezenove anos, era uma outra dor insuportável. E foi essa dor que a fez tomar a decisão de perdoar Walmir. Não por ele, nem por ela mesma, mas para libertar sua menina de tanta raiva. Assim, disse para a filha: "A gente precisa perdoar o seu pai. A gente não é lixo. Seu pai pegou um caminhão de lixo e jogou em cima da gente e a gente vai apodrecer se não pegar isso e jogar na lixeira, porque nós não somos lixo". A filha não se conformava. Ainda queria matar o pai. Rosângela insistia e dizia com todas as letras que tinha perdoado o marido. Era só da boca para fora, ainda estava com muita raiva, mas achava que essa era a única forma de tirar o rancor de dentro da filha. As duas são católicas e, nas primeiras missas a que foram depois do ataque, a filha não participava do ritual da comunhão porque dizia que ainda estava enfurecida. A ira é um dos pecados listados no Novo Testamento e, pelo ritual católico, é preciso se arrepender genuinamente para participar da comunhão.

Rosângela se lembra, emocionada, de quando, depois de um ano, viu a filha comungar novamente e aos poucos voltar a sorrir, brincar com as pessoas, fazer piada, voltando a ser aquela menina de sempre. Isso trouxe paz a Rosângela, e ela continuou repetindo, para as filhas e para si própria, que havia perdoado. Assim, o ódio foi morrendo e finalmente ela mesma encontrou o perdão.

Ao longo desse difícil primeiro ano, Rosângela, quando conseguia dormir, tinha sonhos em que o ex-marido voltava para matá-la. Conforme foi incorporando a ideia do perdão, os pesadelos foram desaparecendo. Ela reconhece o quanto é difícil perdoar e entende que muita gente não consiga fazer isso, ainda mais diante de atrocidades, mas esse foi o caminho que ela encontrou para voltar a viver. Chegou à conclusão de que, enquanto sentisse ódio, ainda teria algum vínculo com o agressor. Ele continuaria em seus pensamentos, se fazendo presente na vida dela.

Efeito disso ou não, a partir daquele momento, as coisas começaram a fluir. Com a ajuda da ONG Movimento de Mulheres, conseguiu atendimento gratuito na Santa Casa de Misericórdia do Rio de Janeiro e iniciou o processo de reconstrução. Já fez algumas cirurgias, tanto grandes quanto pequenas. O colo e o pescoço receberam enxerto de pele retirada da barriga e, assim, Rosângela recuperou alguns dos movimentos que havia perdido, já que a pele repuxada pelas queimaduras impedia que ela virasse a cabeça. Também foi preciso descolar um dos braços do tronco. Ela fez enxerto no pulso para readquirir o movimento da mão, e outros enxertos no queixo, no colo e em volta da boca. É um tratamento longo e delicado. A cada cirurgia, é preciso esperar pela absorção do tecido enxertado e passar por muita fisioterapia. Ela também fez tratamentos com laser e ultrassom.

Quando nos encontramos, Rosângela calculava que teria, pelo menos, outras três cirurgias pela frente. Continua com certa dificuldade para virar o rosto, e o pescoço ainda repuxa. O ombro também, o que limita o movimento de um dos braços. Marcamos nossa conversa em uma padaria e, logo que a vi, fiquei consternada com as inúmeras cicatrizes pelo rosto. Mas, assim que ela começou a falar, percebi ali uma mulher leve. E vaidosa, bem-vestida, maquiada. Uma mulher feliz.

Rosângela me contou que se envolveu no Movimento de Mulheres e dá palestras em que conta sua história e fala sobre violência doméstica. Antes do ataque, sem marcas no rosto, era tímida para falar em público, mal cumprimentava as pessoas. Hoje, porém, descobriu que se abrir sobre o que aconteceu a deixa fortalecida. E, depois do período em que mal conseguia falar por causa dos ferimentos, faz questão de ser tagarela e está certa de que ultrapassa com facilidade a média de palavras que as pessoas habitualmente falam por dia. As filhas comentam que ela ficou engraçada.

E as duas filhas estão muito bem. Rosângela me conta, com orgulho, que a mais velha se formou em serviço social e a mais nova se casou e tem uma filhinha. Nunca mais ouviu falar de Walmir. Ele foi condenado a quatorze anos de prisão pelo ataque contra ela e a mais doze pelo ataque ao sobrinho de Rosângela. Dos 26 anos, cumpriu apenas nove, pois recebeu benefícios da lei por ser réu primário. Deixou a cadeia em 2020 e não procurou pela ex-mulher nem pelas filhas.

Aposentada por invalidez, Rosângela consegue dedicar muito do tempo que tem a ajudar outras mulheres. Começou dando seu depoimento na igreja que frequenta e, depois, seguiu em escolas, empresas, ONGs e demais espaços públicos. Diz que encontra mulheres mais feridas por dentro do que ela por fora. Como forma de levar carinho e apoio, distribui origamis em formato de coração, que ela mesma faz usando os panfletos que a igreja dela imprime e que muita gente descarta. Dentro de cada origami, vai impressa uma mensagem de esperança. Ganhei o meu, com um versículo bíblico que dizia: "Entrega o teu caminho ao Senhor, confia nele, e o mais Ele fará".

Rosângela diz que não se fechou para novos relacionamentos, mas esse não é seu foco. Escolheu outros propósitos para a vida, afirma ter chegado à conclusão de que nunca amou. Certamente, ela se referia apenas ao amor romântico, porque a história dela mostra uma enorme capacidade de amar: amar as filhas, amar a vida, amar as mulheres que ela pode ajudar, amar a si própria. E talvez aí esteja o perdão.

Eu, daqui, continuo indignada, revoltada e com raiva de todos os agressores de mulheres, mas desejo, de todo o coração, que todas as vítimas, as que conheci e as que não conheço, se reencontrem no amor, na paz e na liberdade.

Onde encontrar ajuda

Apesar das dificuldades e falhas no atendimento, os órgãos públicos têm a obrigação de acolher, investigar e proteger vítimas de violência doméstica. Seguem aqui alguns serviços que podem e devem ser acionados:

- **Polícia Militar, telefone 190 em todo o país:** é o órgão mais indicado para ser acionado em casos de emergência, que exijam um atendimento imediato — por exemplo, se você estiver sob ameaça, sofrer uma violência ou se estiver presenciando algum crime.
- **Polícia Civil:** as Delegacias Especializadas em Atendimento à Mulher (Deams) foram criadas especialmente para atender a denúncias de violência contra a mulher. Infelizmente, não estão presentes em todos os municípios do Brasil. Caso não exista uma em sua cidade, qualquer delegacia comum pode ser procurada e tem obrigação de prestar atendimento. A Polícia Civil também pode ser acionada pelo telefone 197 em todo o território nacional. Não é necessário que a própria vítima preste a queixa.
- **Ouvidoria das Mulheres:** esse é um serviço mantido pelo Conselho Nacional do Ministério Público para dar orientações e receber diretamente denúncias sobre violência e violação de direitos da mulher. Também encaminha os casos para apuração. Denúncias e

pedidos de informações podem ser feitos pelo e-mail ouvidoriadas-mulheres@cnmp.mp.br ou pelo telefone (61) 3315-9468.
- **Núcleo Especializado de Atendimento às Mulheres (Nudem):** mantido pelas defensorias públicas do país, presta atendimento na área criminal e em questões da área cível que podem vir atreladas à violência doméstica, como divórcio, guarda de filhos, pensão alimentícia e, até mesmo, transferência de contratos de aluguel, quando o imóvel foi locado no nome do agressor. O serviço pode ser encontrado nos sites das Defensorias de cada estado. O endereço é www.defensoria.(sigla do estado).def.br. Por exemplo, www.defensoria.rj.def.br para a Defensoria do Rio de Janeiro.
- **Ligue 180:** central de atendimento à mulher, mantida pelo governo federal. De qualquer parte do país, basta discar 180 e fazer sua denúncia, que pode ser anônima. As atendentes dão orientações e encaminhamento para atendimento médico e/ou policial, de acordo com o desejo da vítima. Funciona todos os dias, 24 horas.
- **Disque 100:** também mantido pelo governo federal, recebe um leque mais amplo de denúncias de violação dos direitos humanos em geral e pode ser acionado especialmente para casos de violência contra crianças, idosos e população LGBTQIAPN+. Como o serviço anterior, basta discar 100 de qualquer parte do país, e não é preciso se identificar. Está disponível também no aplicativo Direitos Humanos Brasil, que pode ser baixado de graça, e, ainda, pelos sites www.disque100.mdh.gov.br e www.humanizaredes.gov.br/ouvidoria-online.
- **Casa da Mulher Brasileira:** unidades mantidas pelo governo federal em oito capitais — Campo Grande, Curitiba, São Luís, São Paulo, Fortaleza, Boa Vista, Salvador e Teresina — e ainda em Ananindeua, no Pará, e Ceilândia, no Distrito Federal. A casa presta atendimento integrado, concentrando no mesmo lugar os serviços de acolhimento, apoio psicológico e social, e juizado, promotoria, defensoria e delegacia especializados em atendimento à mulher. Quando é o caso, oferece ajuda para promover a autonomia econômica da vítima e presta auxílio nos cuidados com os filhos. Atende

mulheres a partir de dezoito anos que sofreram violência de gênero e meninas, a partir dos doze, vítimas de violência nas relações íntimas de afeto, além de pessoas que assumam a identidade de gênero feminina.
- **Centros de Atenção Psicossocial (Caps):** postos mantidos pelo governo federal dedicados à saúde mental que dão acolhimento a vítimas de violência doméstica que desenvolvam sofrimento psíquico. Há ainda o Capsi, voltado para o atendimento do público infantojuvenil. Funcionam 24 horas, sete dias por semana, inclusive feriados, e não é preciso agendamento. Basta se dirigir ao posto. Você pode encontrar o Caps mais próximo no site da Secretaria de Saúde de sua cidade.

Além dos serviços públicos, há ONGs que dão assistência gratuita para vítimas de violência doméstica. Cito aqui algumas que atendem em todo o país:

- **Mapa do Acolhimento:** instituição que conecta mulheres vítimas de violência com psicólogas e advogadas voluntárias por todo o país. São atendidas mulheres cis ou transexuais com mais de dezoito anos, de baixa renda, que tenham sofrido qualquer tipo de violência de gênero. O atendimento pode ser on-line ou presencial. A vítima pode optar por ter o acompanhamento psicológico e jurídico ou apenas um dos dois. Depois das orientações, cabe à vítima decidir se quer denunciar o caso, com o acompanhamento das profissionais da ONG. Os dados são protegidos. O serviço pode ser acessado pelo site www.mapadoacolhimento.org.
- **SaferNet:** atendimento confidencial sobre crimes cometidos na internet, incluindo violência de gênero. Especialistas orientam como denunciar, prevenir e pedir proteção e onde acessar serviços de saúde física e mental. Também recebe denúncias de crimes no mundo virtual. Basta acessar www.safernet.org.br.
- **Instituto Maria da Penha:** mantém o grupo As Penhas, que conta com psicólogas e advogadas que prestam atendimento remoto

e especializado a mulheres em situação de violência doméstica. A equipe ajuda a pedir medidas protetivas e a retirar a mulher da situação de risco, e aciona órgãos públicos de proteção se necessário. O contato pode ser feito pelo telefone (81) 98839-6700 ou via *direct* pela página do grupo no Instagram: @aspenhasoficial.

Sair de uma situação de violência pode ser difícil e arriscado. Não fique sozinha nesse processo. Peça ajuda.

Agradecimentos

Escrever pode ser solitário, mas nunca estive sozinha neste projeto. Foram muitas parcerias que me fizeram chegar até aqui. Começo pela mais fundamental de todas. Minha filha, Melissa, é minha maior incentivadora e meu maior motivo. Obrigada, filha, por ser inspiração para tudo o que eu viver.

Minha amiga e excelente jornalista Priscilla Monteiro aceitou a empreitada de ser pesquisadora deste livro e abraçou o projeto. Trouxe ideias, informações bem apuradas e entrevistas que nem sempre foram fáceis de conseguir. Minha editora Amanda Orlando, que já esteve comigo no primeiro livro, mais uma vez foi atenta, incansável e dona dos questionamentos que me fizeram melhorar estas páginas. Pri e Amanda, amo nosso trio. Obrigada por estarem ao meu lado. Agradeço também a Rafael de Pino, que esteve no começo do trabalho de pesquisa e seguiu contribuindo sempre que acionado.

Outros amigos jornalistas me ajudaram com seus contatos e apurações. Obrigada, Fernanda Graell, Nayara Felizardo, Cris Fibe, Leslie Leitão e Monica Marques. Também contei com o suporte fundamental de especialistas em várias áreas. Fernanda Tórtima, Felipe Maranhão, Isabelle Faria, Silvia Chakian, Paulo Wunder e Andréa Pachá me socorreram em minhas inúmeras dúvidas jurídicas. Renato Caminha, Dani Pedroso, Silvia Alexim Nunes e Kátia Rosa me ajudaram a entender mais sobre questões psicológicas e psiquiátricas.

A coronel Claudia Moraes, da Polícia Militar do Rio de Janeiro, e a delegada Fernanda Fernandes foram parceiras nas dúvidas sobre a atuação das forças de segurança. Samira Bueno, do FBSP, contribuiu com números, estatísticas e análises preciosas com a disponibilidade de sempre. O trabalho de vocês é mais do que necessário.

Mauro Palermo, muito obrigada mais uma vez por abrir esse espaço e acreditar no papel da informação. E Marcus Montenegro, sou sempre grata por você ter acendido em mim o desejo de escrever. Agradeço também à minha família, aos meus irmãos, Marco e Marcinha, e ainda a Veronica, Julia e Marina, além das minhas fiéis escudeiras, Adriana e Elza, e José Carlos, que me dão estrutura e tempo para focar no trabalho.

Por fim, meu agradecimento de todo o coração às mulheres que entrevistei. Obrigada pela confiança, pela coragem e pela sensibilidade em aceitar reviver momentos dolorosos e expor feridas para ajudar a mudar o mundo de outras mulheres. Juntas, somos mais fortes.

Este livro, composto na fonte Fairfield,
foi impresso em papel Ivory Slim 65g/m² na Leograf.
São Paulo, abril de 2025.